Mit Hunden leben

Expertenwissen für Hundehalter, Band 1

Mit Hunden leben

Expertenwissen für Hundehalter, Band 1

Udo Gansloßer (Hrsg.)

 Filander Verlag

Das Werk einschließlich aller seiner Teile ist urheberrechtlich geschützt. Jede Verwertung außerhalb der engen Grenzen des Urheberrechtsgesetzes ist ohne Zustimmung des Verlages unzulässig und strafbar. Das gilt insbesondere für Vervielfältigungen, Übersetzungen, Mikroverfilmungen und die Einspeicherung und Verarbeitung in elektronischen Systemen.

Bibliographische Information der Deutschen Bibliothek

Die Deutsche Bibliothek verzeichnet diese Publikation in der Deutschen Nationalbibliografie; detaillierte bibliografische Daten sind im Internet über http://dnb.ddb.de abrufbar.

Copyright © 2010
Umschlaggestaltung: Jochen Dietrich
Herstellung: Filander Verlag GmbH
Druck und Bindung: inPrint GmbH, Erlangen
Umschlagfotos: PK-Photos (istockphoto.com)
splain2me (istockphoto.com)

ISBN 978-3-930831-75-3

Inhaltsverzeichnis

Udo Gansloßer
Einführung 5

Günther Bloch
Wolf und Rabe 9

Angelika Lanzerath
Ein Welpe soll es sein! 37

Gaby Kaiser
Integration eines Hundes in die Familie 57

Udo Gansloßer und Ulrike Thurau
Mehrhundehaltung – Von Orientierungspersönlichkeiten und Problemmenschen 85

Thomas Baumann
Häufige Fehler in der Verhaltenstherapie 101

Udo Gansloßer
Kastration – Versuch einer Entscheidungshilfe 157

Ulrike Thurau
»Such und Bring für Familienhunde« – Einsatz für unkontrolliert hetzende Hunde 169

Alexandra Grunow
Mantrailing als unterstützende beziehungsbildende Methode für unsichere Hunde 187

Einführung

Udo Gansloßer

Mit dem vorliegenden Buch möchten sich Ihnen, liebe Hundehalterinnen und Hundehalter, die Mitglieder des Pet-Group-Expertenrates vorstellen. Wie aus dem Namen bereits hervorgeht, handelt es sich um Personen, die Ihnen aus ihrer langjährigen Erfahrung, als Verhaltensbiologen oder Hundetrainer, Rat und Hilfe anbieten. Dies bedeutet, dass wir versuchen wollen, Ihnen bei Alltagsproblemen mit dem Hund zu helfen, und Ihnen auch zu helfen, im Zweifelsfall kompetente und professionelle fachliche Hilfe durch unsere Mitgliedshundeschulen anzubieten. Mit dem vorliegenden Buch aber möchten wir Sie zunächst in die vielfältigen Aspekte der Mensch-Hund-Beziehung einführen und Ihnen aus unseren jeweiligen Blickwinkeln zeigen, was es dabei zu beachten gibt, welche Chancen wir aber auch im Umgang mit dem Hund dann haben.

Das erste Kapitel stammt von Günther Bloch, einem erfahrenen Hundetrainer und Wolfsforscher. Anhand des Zusammenspiels und Zusammenlebens von Wölfen und Raben zeigt er, dass die Mensch-Hund-Beziehung als Beziehung zwischen zwei hoch entwickelten sozialen Lebewesen und Tierarten keineswegs außergewöhnlich ist. Wölfe haben die Fähigkeit, mit anderen Arten – eben beispielsweise Raben – ein enges gemeinsames Zusammenleben zu entwickeln, offensichtlich bereits in die stammesgeschichtliche Entwicklung zum Haushund eingebracht, und der Mensch hat es nur verstanden, diese bereits vorhandene Fähigkeit besonders gut und zu Perfektion ausgereift weiter zu nutzen. Dass Wölfe und Raben nicht das einzige Beispiel für zwischenartliches Zusammenwirken von hundeartigen Raubtieren mit anderen Tierarten sind, sei hier nur am Rande erwähnt. Kojote mit Amerikanischem

Einführung

Dachs, Braunbär mit Steppenfuchs, Eisbär mit Eisfuchs ... Die Liste wird immer länger, je mehr Freilandstudien wir zu diesen Thema bekommen.

Die nächste Gruppe von Buchkapiteln widmet sich dann den verschiedenen Aspekten, die mit einem Hund in der Familie für Sie, liebe Leserinnen und Leser, Bedeutung haben. Den Start setzt Angelika Lanzerath mit ihrem Kapitel über das Einziehen eines Hundewelpen in den Haushalt und die vielen Dinge, die Sie von jetzt an als Ersatz-Hundeeltern beachten sollten. In der frühen Phase der Welpen-und Junghundzeit finden sehr viele wichtige Entwicklungen, auch im Gehirn und im Hormonsystem des jungen Hundes, statt. Wer sich hier bemüht, sich möglichst hundegerecht zu verhalten und die Erwartungen seines neuen Hausgenossen zu erfüllen, ohne selbst dabei Fehler zu machen, wird mit einer lebenslangen, besonders guten Beziehung zum Hund belohnt werden. Angelika Lanzerath, erfahrene Buchautorin, gibt Ihnen die notwendigen Einsteigertipps.

Die berühmte Schimpansenforscherin Jane Goodall hat bereits zu Beginn ihrer Beobachtungen beschrieben, wie ein nicht besonders kräftiger Schimpansenmann es geschafft hat, mit Hilfe von aus dem Camp entwendeten Blechkanistern und deren lautem Lärm sich in der Rangordnung hoch zu arbeiten, weil er alle Gruppenmitglieder mit diesem Lärm fürchterlich beeindrucken konnte. Es mag mit Fug und Recht bezweifelt werden, ob Hundeartige auf so etwas hereinfallen würden. Was es wirklich braucht, um als Mensch die Führungskompetenz gegenüber einem Hund zu zeigen, und welche Anforderungen aus der Sicht des Hundes an einen Anführer und damit auch an ein Leittier gestellt werden, zeigt im nächsten Kapitel Gaby Kaiser. Sie werden staunen, was Sie hier alles hören, und, ganz nebenbei bemerkt, vieles davon können Sie auch Ihrem Chef hinter den Spiegel stecken.

Immer mehr Menschen fragen sich – oder auch uns –, ob es denn für ihren Hund nicht schöner und erfreulicher wäre, wenn noch ein zweiter Hund bei Ihnen einziehen könnte. Bereits nach der Lektüre von Gaby Kaisers Beitrag werden Sie erkennen, dass ihre Führungskompetenz in diesem Fall noch viel stärker gefordert wird. Es erfordert geradezu diplomatisches Geschick, wenn aus der Haltung mehrere Hunde dann schließlich eine echte Mehrhundhaltung wird, das heißt, dass alle Beteiligten Zwei- und Vierbeiner wirklich in ein gemeinsames Netz sozialer

Einführung

Beziehungen eingebunden werden. Ulrike Thurau und Udo Gansloßer versuchen, aus biologischer und Trainersicht gemeinsam Ratschläge für ein solches Zusammenleben mit mehr als zwei Beinen und mehr als vier Pfoten in einem gemeinsamen Sozialverband zu geben. Sollte es dennoch, trotz Beachtung der in den vorangehenden Kapiteln dargestellten Vorschläge, im Leben mit Ihrem Hund zu Problemen kommen, so können die nächsten beiden Kapitel Ihnen vielleicht die Entscheidungsfindung zur möglichen Problemlösung erleichtern. Thomas Baumann, ein aus langjähriger Erfahrung auch in der Arbeit mit sogenannten problematischen Hunden erfahrener Trainerkollege, schildert Ihnen häufige Fehler und Fehlansätze in der Verhaltenstherapie. Die von ihm stattdessen vorgeschlagenen Alternativlösungen sind vielfach getestet und haben den Vorteil, dass sie, im Gegensatz zu vielen Ansätzen der »klassischen Verhaltenstherapie« für Hunde, auch funktionieren. Und wenn Ihnen die von ihm geschilderten Beispiele als absurd, extrem oder weit her geholt erscheinen mögen, so sei Ihnen gesagt, das dies noch keineswegs die extremsten Fälle sind, die uns allen in unserer Tätigkeit als Referenten und/oder Trainer geschildert werden. Die Fähigkeit des Menschen, sich für absurde Lösungsmöglichkeiten zu begeistern, scheint ungebremst und unbegrenzbar.

Leider viel zu oft wird im Falle von möglichen Problemen die Kastration des Hundes als Lösungsvorschlag ins Spiel gebracht. Nur selten werden im Beratungsgespräch dazu die Risiken und Einzelfallbetrachtungen besprochen, die ein solch schwerwiegender Eingriff eigentlich hat. Das Kapitel von Udo Gansloßer versucht, hier einiges an Informationen zu einer besseren und erfolgversprechenderen Einzelfallbetrachtung zu liefern. Zugleich soll dieses Kapitel einer Kollegin ein Denkmal setzen, die leider viel zu früh verstorben, sich stets bemüht hat, das Thema Kastration beim Hund in neutraler, sachlicher und allgemein verständlicher Weise darzustellen. Dr. Gabriele Niepel hat mit ihren Büchern und Vorträgen hier Bahnbrechendes geleistet, ihr sei dieses Kapitel gewidmet.

Letztlich haben wir noch zwei Kapitel in unserem Buch, die es Ihnen vielleicht ermöglichen, auf Therapien und andere schwerwiegende Eingriffe in das Leben und das Verhalten Ihres Hundes zu verzichten. Sinnvolle (mit Betonung auf *sinnvoll*) Beschäftigung eines Hundes sollte sich an seinen biologischen Grundbedürfnissen orientieren. Das

Einführung

Verhalten jedes Tieres wird im wesentlichen gesteuert durch das Bestreben, allen biologischen Bedarfsanforderungen seines Körpers und seines Gehirns zu entsprechen, und dabei Schaden zu vermeiden. Wie sich das in eine hundgerechte und trotzdem gesellschaftsverträgliche Beschäftigung umsetzen lässt, zeigen beispielhaft die beiden letzten Beiträge. Ulrike Thurau schildert das richtige und sowohl hundegerechte wie gesellschaftsverträgliche Apportieren, das dann eben nicht in Suchtverhalten und wildes Hin- und Her-Rasen von Hund und Halter ausartet, und zeigt Ihnen, wie Sie damit sogar recht problematisch motivierte Hunde noch in einer sinnvollen Weise beschäftigen können.

Das letzte Kapitel ist sozusagen ein Gastbeitrag. Neben dem Expertenrat hat Pet Group auch noch ein Spezialistenteam, in dem sich Profis befinden, die für bestimmte Aspekte des hundlichen Verhaltens oder der Mensch-Hund-Beziehung besonders kompetent sind. Ein Mitglied dieses Spezialistenteams ist Alexandra Grunow, die sich auf »Mantrailing« als besondere Form der Nasenarbeit des Hundes spezialisiert hat. Im abschließenden Kapitel schildert sie, wie auch dieses Verhalten des Hundes und die gemeinsame Beschäftigung zwischen Hundehalter und Hund zu einer Verbesserung der Teamfähigkeit und damit der Beziehung beider Beteiligter führen kann.

Wir hoffen, Ihnen mit dieser Sammlung an Beiträgen den Blick für die faszinierenden Aspekte des Zusammenlebens zwischen Mensch und Hund geöffnet oder geweitet zu haben. Fast alle Autoren und Autorinnen dieses Bandes haben auch ausführliche Bücher zu den genannten oder anderen Themen veröffentlicht. Alle sind als Referenten in Vortrags- und Seminar-Veranstaltungen zu erleben. Es würde uns freuen, wenn wir möglichst viele von ihnen, liebe Leser und Leserinnen, bei der einen oder anderen Veranstaltung einmal live und und in Farbe kennen lernen könnten.

PD Dr. Udo Gansloßer
Vorsitzender des Pet-Group-Expertenteams

Wolf und Rabe

Langzeituntersuchungsergebnisse zur Sozialisation und zum Zusammenleben von zwei Arten in einer sozialen Mischgruppe – Ein Referenzsystem zur realistischen Einschätzung von Mensch-Hund-Beziehungen

Günther Bloch

Vorbemerkungen zur »Einmaligkeit« von Mensch–Hund-Beziehungen

Im Laufe der Jahre ist die bundesdeutsche Hundeszene bedauerlicherweise auf dreifache Weise regelrecht Opfer einer verallgemeinernden Informationspolitik geworden. Erstens durch die generelle Leugnung einer Existenz von zwischenartlichen Dominanzbeziehungen bei Tieren. Die seien, wie man vielerorts hört und liest, »biologisch grundsätzlich nicht vorgesehen«. Ratsuchende werden, zweitens, dahingehend fehlunterrichtet, die Mensch-Hund-Beziehung stelle eine Besonderheit dar. Begründet wird diese Einmaligkeit damit, dass hier zwei verschiedene Arten eng aufeinander abgestimmt zusammen lebten. Zudem seien die Mitglieder dieser gemischten Gruppe bereit, eine echte Kooperationsgemeinschaft zu bilden. Besitzer von vierbeinigen Familienbegleitern leiden, drittens, unter der mitunter strikten Weigerung so genannter »Experten«, eindeutige Belege für eine starke Bindungsbereitschaft von verschienenen Tierarten unterschiedlicher Herkunft zur Kenntnis zu nehmen. Stattdessen wird die Mensch-Hund-Beziehung verharmlosend zur Sensation hochstilisiert. Vielerorts geht man soweit, die Lebensgemeinschaft von Mensch und Hund aufgrund »fehlender Reproduktionsfähigkeit« unreflektiert zu glorifizieren. Diverse Umfragen unter Hundebesitzern belegen die o. g. Missinterpretation. Mittlerweile

Wolf und Rabe

hat diese Pauschalmeinung bereits weite Bereiche der »professionellen Hundeszene« erfasst. Tendenz stark steigend. Und das, obwohl es seit Jahren unbestreitbar viele Gegenbeispiele dafür gibt, dass viele Tierarten in freier Wildbahn sehr häufig wohl funktionierende Zweckgemeinschaften bilden. Aber nicht nur das: Unterschiedliche Spezies können sogar eindeutig echte soziale Beziehungen ausbilden.

Ob letzlich tatsächlich beabsichtigt oder einfach nur ungewollt: Die Verbreitung von Fehlinformationen durch völlig unrealistisch argumentierende Menschen verschärft jenes »Wissensdezifit«, das sie selbst ausgelöst haben. Infolgedessen sind sie für die zwangsläufig entstehende »allgemeine Verunsicherung« von einfachen Hundehaltern mit verantwortlich.

Die Bildung von Zweckgemeinschaften beim Zusammentreffen verschiedener Arten:

Erfreulicherweise halten jederzeit belegbare Studienergebnisse aus der Wildbiologie viele Beispiele parat, die bezüglich der Kooperationsbereitschaft zwischen Hundeartigen und anderen Spezies für Aufklärung sorgen. Und dies auf seriöse Art und Weise. So sind nicht nur Jagdgemeinschaften von Kojoten und Dachsen hinlänglich bekannt. Vielmehr sorgen vielfältige Erkenntnisse über die Zusammenarbeit zwischen Bären und Füchsen seit Jahren für Furore. Manche Zweckgemeinschaften sind zeitlimitiert, andere regelrecht auf Dauer angelegt. Fest steht: Das Zeitfenster für fundamentale Zusammenarbeit ist unter Freilandbedingungen niemals geschlossen. Es öffnet sich vielmehr mit jedem Tag ein Stück mehr – zum Nutzen aller Beteiligten, die günstige Gelegenheiten ungern verpassen wollen. Der eklatant vorhandene Wille zur notwendigen Kooperation beim gemeinsam iniziierten Beutezug ist oftmals rein symbiotischer Natur. Das Auftreten zwischenartlicher Dominanzbeziehungen ist dabei keineswegs ausgeschlossen. Offensichtlich sind viele Tierarten trotz unterschiedlicher Artzugehörigkeit dazu bereit, ihr Beutefang- und Fressverhalten zu koordinieren. Abhängig von Lebensweisen und Bedingungen werden individuelle Bedürfnisse gegenseitig »weitsichtig« signalisiert kommuniziert. Dabei kommen ernsthafte Aggressionen eher selten zum Ausdruck.

Wolf und Rabe

Die allgemein gültige Zauberformel für Zweckgemeinschaften zwischen Kojoten und Dachsen scheint zunächst einmal schlicht und einfach zu lauten: Mal gewinnt man beim gemeinsamen Beutezug und kann die getötete Kleinbeute (etwa in Form von Erdhörnchen oder Pfeifhasen) sichern und anschließend konsumieren. Ein anderes Mal hat man das Nachsehen. Trotzalledem wartet man unbeeindruckt auf die nächste sich bietende Gelegenheit. Imgrunde genommen laufen regelmäßige Begegnungen zwischen Bären und Füchsen nach ähnlichem Schema ab. Aber auch nichts von dem, was eigentlich beim Zusammentreffen von Wolf und Bär grundsätzlich eher einen gewissen »Unmut« entfachen müsste, ist pauschal beobachtbar: Eine generelle »Dominanz« von Wolf oder Bär nicht, die pauschale Inbeschlagnahme eines großen Tierkadavers durch nur eine Beutegreiferart nicht, spektakuläre Auseinandersetzungen mit Ernstkampf-Charakter nicht, unkalkulierte Risikoeinschätzungen nicht...

Stattdessen ist die Möglichkeit zur Formung erfolgreicher Fressgemeinschaften rund um Beuterisse immer gegeben. So spart man Energie und verschleudert sie nicht unüberlegt. Der teils exorbitant hoch vorhandene Wille zur bewussten Begegnungsbereitschaft unterschiedlicher Tierarten mag für den Unkundigen mitunter ein wenig naiv anmuten. Meistens ist er jedoch konsequent bis ins Letzte durchdacht. Die eigentliche Triebfeder solcherlei »Gipfeltreffen« begründet sich keineswegs auf Größenwahn. Mit Mut oder Tapferkeit haben sie sowieso wenig zu tun. Klug abgewogene Verhaltensanpassungen (Bär/Wolf, Bär/Fuchs oder Kojote/Dachs) stellen für viele Tierarten allseits willkommene Optionen dar. Warum soll man übermäßige Aggressionsbekundungen zum Ausdruck bringen, wenn sich auch so opportunistische Perspektiven bieten? Auf unbestimmte Zeit zu kooperieren, schafft gegenseitig nutzbringende Möglichkeiten. Die Forderung nach uneingeschränkter Ressourcen-Kontrolle – sie hat keine Eile. »Langzeit-Dominanzstrukturen« sind selten vonnöten. Die Bildung momentaner Fressgemeinschaften dreht selten ins Zerstörerische. Ins Monströse schon gleich gar nicht. Die situative Teilung von Nahrungsressourcen bedeutet etwa für Hundeartige das Gegenteil rabiater Verantwortungslosigkeit. Wolfseltern nehmen die Verpflichtung, Verletzungsgefahren möglichst gering zu halten, sehr ernst. Unkluge Risikobereitschaft wäre für eine reibungslose Versorgung des Nachwuchses kontraproduktiv.

Wolf und Rabe

Die grundsätzliche Bereitschaft von Wölfen zur Teilung von Fressbarem macht durchaus Sinn. Vor allem im interaktiven Umgang mit Bären. Anstatt gefahrenträchtig zu versuchen nur zu nehmen und nichts zu geben, arrangiert man sich lieber, insbesondere mit diesen Giganten.

Wolfs- und Rabenfamilien – Zwei Arten bilden eine soziale Mischgruppe:

Bislang dachte man, Wölfe sozialisierten sich nur mit Artgenossen. Doch weit gefehlt! So unterschiedlich wie Wolf und Rabe als Arten auch sein mögen, so eng miteinander verflochten ist auch deren Beziehungsverhältnis. Jeder Welpe wächst in der Nähe zur Höhle mit denselben Rabenindividuen auf. Es findet ein gegenseitiger Prägungsprozess statt. Wolfskinder lernen nach erstmaligem Verlassen des Erdbaus zuallererst alle zum jeweiligen Wolfsclan zugehörigen Familienmitglieder kennen: Vater, Tanten und Onkel, Helfeshelfer. Zu wenig! Denn recht bald stößt man zwangsläufig auf sämtliche Vertreter der »hauseigenen« Rabenfraktion. Ein zwischenartlicher Beziehungsaufbau der besonderen Art nimmt seinen Lauf.

Beginnend mit Tag 1 im anfangs noch unbekannten Terrain stoßen Wolfswelpen unweigerlich auf die schwarzen Vögel. Die haben ihr »traditionelles Familien-Nest« in Höhlennähe gezimmert, bzw. Jahr für Jahr weiter ausgebaut. Möglichst mit direktem Blick auf den Erdbau ihrer vierbeinigen Zweckverbündeten, versteht sich. Jeder kleine Wolf sieht die Raben nicht nur, sondern speichert sogleich den strengen Geruch ihrer Federn im Gehirn: Fest, unumstößlich, gültig für ein langes gemeinsames Leben. Nachdem sich Welpen und Raben mehrmals täglich persönlich begegnet sind, toben sie schon bald gemeinsam umher. Sie interagieren. Bald entstehen sogar echte soziale Beziehungen. Die Sozialisation von zwei Arten auf Lebenszeit steht unmittelbar bevor. Lustbetontes Spiel, gegenseitige Austricksmanöver und das Stehlen von Ressourcen gehören zum alltäglichen Geschehen.

»Wolf-Birds«, wie sie Prof. Bernd Heinrich treffend zu bezeichnen pflegt, setzen im Zusammenleben mit Isegrim auf den permanenten Ausbau sozialer Beziehungsgeflechte. Raben sind Welpen gegenüber anfangs noch hochgradig überlegen. Dass sie die kleinen »Möchtegern-

Wolf und Rabe

Beutegreifer« gerne necken, indem sie sie ins Fell zwicken, am Schwanz ziehen oder sogar kurz scheuchen, entspricht einem repräsentativen Tagesablauf (näheres im Anhang: Tabellen 1–9). Und wie verhalten sich erwachsene Wölfe, wenn sie solcherlei Dreistigkeiten aufmerksam beobachten?

Kaum zu glauben aber wahr: Alttiere weigern sich zumeist, an der Behebung momentaner Unstimmigkeiten zwischen Welpen und Raben, die ihre Beziehungen schrittweise immer weiter vertiefen, mitzuwirken. Oftmals melden sie sich regelrecht ab aus der kunterbunten Gesellschaft. Hier und da demonstrieren sie über halbherzig vorgetragene Scheinattacken in Richtung zu frecher Rabenindividuen, dass sie selbstverständlich jederzeit »Herr der Lage« sind. Letztlich ist das nur punktuell gezielt vorgetragene Durchsetzungsstreben der Alten im Umgang mit den Vögeln als echte Dominanzbeziehung zu definieren: Jeder erwachsene Wolf kann, wann immer er will, je nach bedarfsabhängiger Gegebenheit und ohne aktive Aggression eigene Ansprüche einfordern. Muss und tut er aber eben nicht. Gelassenheit ist Trumpf. Das wissen die wahrlich familien-integrierten schwarzen Vögel sehr wohl und haben dies gelernt zu schätzen. Mit Raben legen sich Wölfe nur sehr unwillig an. Gemeinsame Interessen überwiegen bei weitem. Dabei passen andere Vogelarten wie die Kanadagans, Enten oder Rebhühner durchaus ins Beuteschema. Sie werden häufig gerissen. Nur Raben töten Wölfe (wenn überhaupt) extrem selten. Nein, stattdessen setzt man auf Arbeitsteilung. Gemeinsame Unternehmungen, regelmäßige Ausflüge durchs Revier sowie das spätere Zurückkehren »nach Hause« zum Erdbau oder Rendezvous-Gebiet entsprechen absolut der Norm (näheres im Anhang: Tabellen 10–17).

Alte Weisheiten neu entdeckt:

Offenbar wussten viele Indianerstämme schon seit Menschengedenken, welch enges symbiotisches Verhältnis zwischen Beutegreifer und Rabe existiert. Viele bezeichnen Raben noch heute fast wie selbstverständlich als »Augen der Wölfe«. Hoch oben in Bäumen sitzend, lassen sich Gefahren halt schnell erkennen. Spezielle Krächz-Laute dienen sowohl

Wolf und Rabe

der kommunikativen Verständigung untereinander als auch der mit den Vierbeinern derselben sozialen Mischgruppe.

Raben übermitteln diese Art von exakt definierbaren Warnrufen sehr eifrig. Als »Luftwaffe der Wölfe« entdecken sie Bären, Pumas oder andere Störenfriede natürlich schnell. Dann schlagen sie Alarm. Das tönt gut im Überlebenskampf. Die so vorinformierten Wölfe haben dadurch erheblich mehr Zeit, ihren Nachwuchs ggf. in Sicherheit zu bringen. Je nach Umstand starten sie jedoch eine wohl dosierte Gegenattacke. In heimischen Gefilden um Erdbau und Rendezvous-Gebiet gilt seitens der Wolfseltern und allen anderen Erwachsenen gegenüber sämtlichen o. g. Beutegreifern die »Null-Toleranz-Politik«. Im Gegenzug profitiert jedes hauseigene Rabenpaar nebst eigenen Jungen von den Beuterissen ihrer ungewöhnlichen Sozialpartner. Womöglich dachte man in Rabenkreisen irgendwann in den grauen Anfängen des kooperativen Beziehungsaufbaus darüber nach, wie man am effektivsten in regelmäßigen Zeitabständen große Mengen Fleisch an Beutekadavern vertilgen kann. Auf sich alleine gestellt ist ein problemloses Öffnen der dicken Haut von Huftieren Raben nicht möglich. Dazu bedarf es der aktiven Unterstützung großer Beutegreifer wie dem Wolf.

Gegenseitige Aufbauhilfe für Fortgeschrittene:

Einige Zeit vor dem eigentlichen Eintreffen an einem verendeten Hirsch oder Elch lassen Wölfe den jeweiligen Kadaver oftmals regelrecht ausspionieren. Alle Beteiligten wissen ganz genau, ob sich eine Nahrungsinspektion lohnt. Welche Gefahr sich in unmittelbarer Umgebung von toten Huftieren befinden könnte, muss einer eingehenden Über-prüfung unterzogen werden. Wölfe beobachten selbst die Bewegungsmuster von Raben ganz genau. Zudem erkennen sie, welche Alarmvorkehrungen ihre flugtüchtigen Begleiter bereits getroffen haben. Mitunter ist es sinnvoller abzuwarten, um vor unliebsamen Überraschungen gefeit zu sein. So kommt man gemeinsam ins Geschäft. Die gesamte Sozialgruppe kalkuliert situative Störungen und Fluchtmöglichkeiten immer ein. Jeder weiß, wie viel Zeit er hat, bis ein unerwünschter Konkurrent zur Gefahr wird. Man informiert sich gegenseitig, welche Tierart (einschließlich Mensch) wann patrouilliert. Und wie schnell sich der jeweilige Nah-

Wolf und Rabe

Dokumentation des »magischen Zusammenspiels« von Wolf und Rabe entwickelte sich zu einer unserer erfolgreichsten Informationsquellen. Da wo sich die Raben aufhielten fanden wir alsbald die Wölfe. Was für den Laien kaum zu erkennen war, sieht der Experte sofort: Im generellen Verhältnis der beiden Arten lief alles harmonisch. Entweder flogen die speziellen »Bow-Raben« über den Köpfen »ihrer« Beutegreifer-Familie hinweg, oder sie hielten sich in deren unmittelbaren Nähe auf. Kamen sie zuerst aus dem Wald, folgte ihnen mindestens ein Wolf innerhalb von maximal zwei Minuten. Umgekehrt bot sich das gleiche Bild. Bedauerlicherweise war der Wandel im Wolfsbesatz die einzige Konstante in diesem Lebensraum. Jedes Jahr betrauerten wir den unnatürlichen Tod eines oder mehrerer »Studienobjekte«. Ob nun unvergessene Persönlichkeiten wie Storm, Aster, Yukon und Nisha (1998–2002) oder alle Mitglieder der »Faireholme-Wolfsfamilie« (2000–2003) – wann immer ein Wolf vom Rendezvousgebiet aus aufbrach, wurde er von »seinen Haus-Raben« begleitet. Auch wenn man vieles erst auf den zweiten Blick erkennt, wird es nach und nach doch zur Gewissheit: Am heimischen Erdbau interagierten »Faireholme-Raben« mit »Faireholme-Wölfen« einschließlich deren Welpen. Ein erwachsenen Weibchen namens Hope wechselte die Fronten. Aus deren Verpaarung mit Storm entstand Nanuk. Der blieb ab Herbst 2003 zunächst als Einzelwolf im angestammten Revier zurück.

Die uns bekannten »Bow-Raben« blieben ebenfalls dort. Dabei war ihnen anscheinend immer bewusst, dass sie beim Nestbau den richtigen, zentralen Standort beibehalten hatten. Der extreme Lebensraum zwang auch diese Bewohner zum Spezialistentum. Dran bleiben an Nanuk, hieß die Devise des Rabenpaars. Wenn Nanuk heulte, flogen die Raben heran. Dass Wolfsheulen für Raben attraktiv zu sein scheint, beschrieb der Feldforscher F. Harrington schon vor zwanzig Jahren. Deren Akzeptanz, dem heimischen Gefilde treu zu bleiben, dürfte auch daher gerührt haben, dass sich der Umfang der Bow-Wolfsfamilie langsam wieder erholte. Zuerst durch Nanuks Paarung und Welpenaufzucht mit April (2004–2005). Mit dem Erscheinen von Delinda Ende 2005 erweiterte sich der Wolfsclan sprunghaft. Nicht nur Nanuk und Delinda kümmerten sich 2006–2008 um ihren Nachwuchs. Die revieransässigen »Bow-Raben« ebenfalls. Gemeinsame Unternehmungen zahlten sich offensichtlich für alle Mitglieder der Interessengemeinschaft aus. Nach ausgiebiger Rast

Wolf und Rabe

ging es von manchen Stellen des Bowtals zusammen nonstop heim zum Rendezvousplatz. Darin änderte sich auch nach Delindas Tod im August 2008 nichts Grundlegendes. Wolf und Rabe sind mehrheitlich gemeinsam unterwegs (näheres im Anhang: Tabellen 21–25).

Offene Fragen: Wohin und wie weit des gemeinsamen Weges?

Die »Bow-Raben« nutzten, besonders im Winter, sicherlich auch das durch Nanuk & Co in der Ferne zur Verfügung gestellte Nahrungsangebot. Es erscheint mehr als glaubwürdig, dass sie so in kurzer Zeit ihre Energiereserven für den Weiterflug auffüllten. Beweisbar ist eine solche Hypothese allerdings nicht. Was im Kernrevier noch recht zuverlässig klappte, entwickelte sich an großen Beutetierkadavern zum Fiasko. Wölfe auseinanderhalten, das sind wir gewohnt. Einzelne Raben inmitten wahren Heerscharen individuell zu identifizieren, stellt zurzeit noch ein hoffnungsloses Unterfangen dar. Neben, um und und auf einem toten Hirsch oder Elch, versammeln sich normalerweise mindestens 20 bis 30 Raben. In Rekordzeiten können es auch mal leicht 50 oder mehr werden. Hier landen die Vögel in rasanter Abfolge. Hier macht man sich gegenseitig die besten Fresspositionen streitig. Womöglich sind unter anderem auch unsere »Bow-Raben« tatsächlich mittendrin im Geschehen. Aber wer ist wer?

Was tun, wenn die schwarze Horde sich ständig aufgeregt »zeternd« zum Einheitsbrei vermischt. Entweder findet man speziell markierte Tiere, oder alle Individuen tauchen in der Masse unter. Vielleicht werden wir diese Frage in ein paar Jahren nachhaltig diskutieren und beantworten können. Was heute niemand ernsthaft sagen mag, stellt eine Herausforderung für die Zukunft dar. Eine andere spannende Frage ist, ob beispielsweise der erwachsene Rabennachwuchs nach dem heimatlichen Sozialisationsprozess zusammen mit denjenigen Wolfsindividuen abwandert, die ihre Eltern verlassen? Leben diese Tiere dann erneut dauerhaft zusammen? Die Antwort steht noch in den Sternen. Von Pessimismus sind wir Feldforscher weit entfernt. Je größer und vielfältiger die Aufgabe, desto sinnvoller lassen sich freilich technische Hilfsmittel integrieren. Dafür bieten winzige GPS-Peilsender ideale

Wolf und Rabe

Bedingungen. Raben damit auszustatten, ist unser Plan. Den gilt es, demnächst umzusetzen.

Ein wichtiges Fazit für Hundehalter zum Schluss:

Die Langzeit-Kooperation mit anderen Arten ist nach unserer langjährigen Recherche, die erst in letzter Zeit den entscheidenden Durchbruch erhielt, für Wolf und Rabe offenkundig nichts Besonderes. Da der Grat eines jeden Zusammengehörigkeitsgefühl ausnahmslos über gelegentliche Trennung und Distanzschaffung definierbar erscheint, sind gegenseitige Bindungsabsichten von ganz bestimmten Wolfsfamilien mit denselben Rabenpaaren eindeutig belegbar. Sie leben in einer sozialen Mischgruppe langfristig zusammen.

Das sprichwörtliche »Faible« für mannigfaltige zwischenartliche Beziehungsbereitschaften hat der Hund somit höchstwahrscheinlich vom Wolf geerbt. Die Fähigkeit von Hundewelpen, sich nach entsprechender Sozialisation mit Katzen, Meerschweinchen oder Papageien gut zu verstehen, ist demnach keine Folge der Domestikation. In der Konsequenz formen auch unterschiedliche Arten wie Mensch und Hund problemlos soziale Lebensgemeinschaften. Diese können realistisch betrachtet schwerlich auf einer Haustierwerdung des Hundes fußen. Die aktuellen Studienergebnisse aus unserer Freilandforschung haben deswegen direkte Relevanz für jede Mensch-Hund-Beziehung. Die Hypothese einer generellen Verneinung der Möglichkeit von Dominanzbeziehungen zwischen Mensch und Hund, wegen ihrer unterschiedlichen Artzugehörigkeit, ist nicht mehr zeitgemäß: Wolf und Rabe gehen einen Schritt weiter. Sie sind in der Lage, eine gemeinsame Sozialisation zu durchlaufen. Eine bessere Referenz werden Mensch und Hund wohl kaum finden.

Eine Frage, zwei Antworten: Warum kam die Vermehrung der gewonnenen Einsichten erst jetzt zustande? Erstens: Spekulative Behauptungen sind schnell aufgestellt. Deshalb wollten wir abwarten, bis uns entsprechende Daten aus drei Vergleichsgruppen vorliegen. Zweitens: Ein Ausflug in eine der zahlreichen Gehegeanlagen ist genau das Richtige. Wer wohlüberlegt hinschaut, wird schnell feststellen, dass für Wolf und Rabe aufgrund der vorherrschenden Lebensbedingungen hier kaum ungestörte Möglichkeiten zum gemeinsamen Interaktionsverhalten bestehen. Für eine umfassende Sozialisation erst recht nicht. Raben gelten gemeinhin als scheue Tiere. So sind es summa summarum vielleicht nur unglückliche Lebensumstände, die eine langzeitlich angelegte Zweckgemeinschaft in Gehegen verhindern. In freier Wildbahn sind diese »Beziehungen der besonderen Art« nichts Außergewöhnliches.

Literatur zum Nachlesen

Bloch, G. (1999): *Ein Juni mit Wölfen in der Bergwelt Kanadas.* Publikation der Hunde-Farm »Eifel«.

Bloch, G.; Callaghan, C. (2000): *Den Site Monitoring, Summary Report 1988-2000.* Central Rockies Wolf Project.

Bloch, G.; Bloch, K. (2001): *Den Site Monitoring of four Wolf Packs in Banff National Park,* Summary Report 1994–2001. Central Rockies Wolf Project.

Bloch, G.; Bloch, K. (2002): *Timberwolf Yukon & Co.* Kynos.

Bloch, G.; Dettling, P. (2009): *Auge in Auge mit dem Wolf, 20 Jahre unterwegs mit frei lebenden Wölfen.* Kosmos.

Dugatkin, L. (1997): *Cooperation Among Animals, An Evolutionary Perspective.* Oxford University Press.

Harrington, F. (1978): Ravens Attracted To Wolf Howling. *Condor* 80:236–237.

Heinrich, B. (1989): *Ravens In Winter.* Simon & Schuster.

Heinrich, B.; Marzluff, J. M. (1995): How Ravens Share. *American Scientist* 83:342–349.

Heinrich, B.; Smolker, R. (1998): *»Raven Play«* in Animal Play: Evolutionary, Comparative and Ecological Aspects. Cambridge University Press.

Heinrich, B. (2000): *Mind of the Raven, Investigations and Adventures with Wolf-Birds.* An Imprint of Harper/Collins Publishers.

Wolf und Rabe

Knight, R. (1986): Responses Of Nesting Ravens To People In Areas Of Different Human Densities. *Condor* 86:345–346.

Paquet, P.; Huggard, D.; Curry, S. (1990): *Banff National Park Canid Ecology Study.* First Progress Report.

Paquet, P. (1993): *Ecological Studies Of Recolonizing Wolves In The Central Rocky Mountains*, Final Report 1989–1993. John/Paul & Associates.

Smith, D. (1998): *Yellowstone Wolf Project, YCR, No. 2/98*, Annual Report 1998.

Anhang/Untersuchungsergebnisse[1]

Die Tabellen 1–9 geben Auskunft zum komplexen Interaktions- und Spielverhalten der »Panther-Wolf-Rabe-Mischgruppe«, der »Faireholme-Wolf-Rabe-Mischgruppe« und der »Bow-Wolf-Rabe-Mischgruppe« in direkter Nähe zu deren angestammten Höhlen- und Rendezvous-Gebiet. Die Definitionen »Alttiere« und »Wolfswelpen« verwandten wir als allgemeine Sammelbegriffe, weil mitunter keine eindeutige Identifikation aller Wolfs- und Rabenindividuen möglich war. Die Tabellen 10–17 geben Auskunft über das gemeinsame Wanderverhalten der jeweiligen Wolf-Rabe-Lebensgemeinschaft in deren Kernrevier. Die Tabellen 18–25 stellen einen prozentualen Häufigkeitsvergleich dar, wie oft die Wölfe der jeweiligen Sozialgemeinschaft mit oder ohne Rabenbegleitung ihr Rendezvous-Gebiet ansteuerten oder verließen.

---

[1]Zusammengefasstes Datenmaterial aus den Jahren 1993–2009

Wolf und Rabe

Erläuterung bezüglich der nachfolgend verwandten Verhaltensbegriffe:

1. **»Annähern«:** Rabe 1 oder 2 geht einem (oder) mehreren Wolfsindividuen in lockerer Schrittfolge oder in Hoppel-Schritte zielgerichtet entgegen.

2. **»Schwanz-Ziehen«:** Rabe 1 oder 2 pitscht einen (oder) mehrere Wolfsindividuen beabsichtigt und stossartig in die Rute oder den Schwanzansatz.

3. **»Fell-Zwicken«:** Raben 1 oder 2 zupft einen (oder) mehrere Wolfsindividuen zielgerichtet in Hals, Schulter oder Rückenpartie.

4. **»Futter-Stehlen«:** Rabe 1 oder 2 nähert sich einem (oder) mehreren Wolfsindividuen vom Boden oder aus der Luft, greift mit seinem Schnabel schnell ein Stück Fell oder Knochen auf und fliegt danach sofort davon.

5. **»Rennspiel«:** Ein (oder) mehrere Wolfsindividuen laufen Rabe 1 oder 2 in neutraler Körperhaltung hinterher. Der Rabe fliegt daraufhin kurz auf, landet aber sofort wieder im direkten Umfeld des Wolfes. Die Rolle von Jäger und Gejagtem wechseln häufig.

6. **»Kreis-Laufen«:** Ein (oder) mehrere Wolfsindividuen laufen in typischen Zick-Zack-Bewegungen oder in kreisenden Bewegungen vor Rabe 1 oder 2 umher, der daraufhin nur kurz auffliegt, aber sofort wieder landet.

7. **»Wegscheuchen«:** Ein (oder) mehrere Wolfsindividuen rennen in klassischen Hoppel-Schritten in einer Art Scheinattacke auf Rabe 1 oder 2 direkt zu und scheuchen ihn aus dem unmittelbarer Höhlenumfeld davon.

Wolf und Rabe

Tabellen 1–3: Interaktions- und Spielverhalten zwischen den »Panther-Alttieren«, »Panther-Wolfswelpen« und »Panther-Raben« im Mai/Juni 1993–1995 rund um deren traditionellen Erdbauten.

Tabelle 1: Häufigkeitszählung aller beziehungsrelevanten Interaktionen von Alttieren und Wolfswelpen mit Raben in der sozialen »Panther-Mischgruppe« im Mai/Juni 1993. ($n = 147$)

Interaktions-form:	An-nähern	Schwanz ziehen	Fell zwicken	Futter stehlen	Renn-spiel	Kreis laufen	Weg-scheuchen
Wolfswelpen + Rabe 1	11	5	3	8	2	2	3
Wolfswelpen + Rabe 2	9	5	6	10	2	3	4
Alttier + Rabe 1	8	2	2	4	1	3	8
Alttier + Rabe 2	10	3	3	5	2	2	11
Total	38	15	14	27	7	10	26

Tabelle 2: Häufigkeitszählung aller beziehungsrelevanten Interaktionen von Alttieren und Wolfswelpen mit Raben in der sozialen »Panther-Mischgruppe« im Mai/Juni 1994. ($n = 124$)

Interaktions-form	An-nähern	Schwanz ziehen	Fell zwicken	Futter stehlen	Renn-spiel	Kreis laufen	Weg-scheuchen
Wolfswelpen + Rabe 1	6	5	4	8	2	1	3
Wolfswelpen + Rabe 2	5	4	4	6	3	2	1
Alttier + Rabe 1	12	3	3	5	1	2	7
Alttier + Rabe 2	8	4	4	7	2	3	9
Total	31	16	15	26	8	8	20

Tabelle 3: Häufigkeitszählung aller beziehungsrelevanten Interaktionen von Alttieren und Wolfswelpen mit Raben in der sozialen »Panther-Mischgruppe« im Mai/Juni 1995. ($n = 145$)

Interaktionsform	An-nähern	Schwanz ziehen	Fell zwicken	Futter stehlen	Rennspiel	Kreis laufen	Wegscheuchen
Wolfswelpen + Rabe 1	5	4	3	9	4	2	4
Wolfswelpen + Rabe 2	5	4	5	7	3	3	3
Alttier + Rabe 1	10	4	5	9	2	2	8
Alttier + Rabe 2	11	3	4	11	1	1	12
Total	31	15	17	37	10	8	27

Tabellen 4–6: Interaktions- und Spielverhalten zwischen »Faireholme-Alttieren«, »Faire-holme-Wolfswelpen« und »Faireholme-Raben« im Mai/Juni 2000–2002 rund um deren traditionellen Höhlenkomplexe. Die Raben konnten wir nicht individuell identifizieren.

Tabelle 4: Häufigkeitszählung aller beziehungsrelevanten Interaktionen von Alttieren und Wolfswelpen mit Raben in der sozialen »Faireholme-Mischgruppe« im Mai/Juni 2000 ($n = 112$)

Interaktionsform	An-nähern	Schwanz ziehen	Fell zwicken	Futter stehlen	Rennspiel	Kreis laufen	Wegscheuchen
Wolfswelpen + 1 Rabe	8	5	4	7	2	2	1
Wolfswelpen + 2 Raben	3	5	5	11	2	2	4
Alttier + 1 Rabe	9	3	1	5	—	—	10
Alttier + 2 Raben	5	1	—	8	—	3	6
Total	25	14	10	31	4	7	21

Wolf und Rabe

Tabelle 5: Häufigkeitszählung aller beziehungsrelevanten Interaktionen von Alttieren und Wolfswelpen mit Raben in der sozialen »Faireholme-Mischgruppe« im Mai/Juni 2001 ($n = 214$)

Interaktions-form	An-nähern	Schwanz ziehen	Fell zwicken	Futter stehlen	Renn-spiel	Kreis laufen	Weg-scheuchen
Wolfswelpen + 1 Rabe	18	7	6	16	6	4	4
Wolfswelpen + 2 Raben	13	10	9	12	5	5	5
Alttier + 1 Rabe	15	5	5	8	3	4	11
Alttier + 2 Raben	10	4	2	14	—	2	9
Total	56	26	22	42	14	15	29

Tabelle 6: Häufigkeitszählung aller beziehungsrelevanten Interaktionen von Alttieren und Wolfswelpen mit Raben in der sozialen »Faireholme-Mischgruppe« im Mai/Juni 2002 ($n = 81$)

Interaktions-form	An-nähern	Schwanz ziehen	Fell zwicken	Futter stehlen	Renn-spiel	Kreis laufen	Weg-scheuchen
Wolfswelpen + 1 Rabe	4	1	3	8	1	2	2
Wolfswelpen + 2 Raben	4	2	4	8	1	1	4
Alttier + 1 Rabe	6	1	—	5	—	1	6
Alttier + 2 Raben	5	—	2	2	—	—	8
Total	19	4	9	23	2	4	20

Tabelle 7: Interaktions- und Spielverhalten zwischen »Bow-Alttieren«, »Bow-Wolfswelpen« und »Bow-Raben« im Mai/Juni 2002 rund um deren traditionellen Höhlenkomplex. Die Raben konnten wir nicht individuell identifizieren.

Tabelle 8: Interaktions- und Spielverhalten zwischen »Bow-Wölfen« und »Bow-Raben« im Winter 2002/03 im Kernrevier. Die Raben konnten wir nicht individuell identifizieren.

Tabelle 9: Interaktions- und Spielverhalten zwischen »Bow-Alttieren«, »Bow-Wolfswelpen« und »Bow-Raben« im Mai/Juni 2004 rund um deren traditionellen Höhlenkomplex. Die Raben konnten wir nicht individuell identifizieren.

Tabelle 7: Häufigkeitszählung aller beziehungsrelevanten Interaktionen von Alttieren und Wolfswelpen mit Raben in der sozialen »Bow-Mischgruppe« im Mai/Juni 2002 ($n = 153$)

Interaktions- form	An- nähern	Schwanz ziehen	Fell zwicken	Futter stehlen	Renn- spiel	Kreis laufen	Weg- scheuchen
Wolfswelpen + 1 Rabe	9	8	5	17	3	1	5
Wolfswelpen + 2 Raben	12	13	8	13	4	2	1
Alttier + 1 Rabe	6	2	5	10	1	1	8
Alttier + 2 Raben	2	4	5	—	2	—	6
Total	29	27	23	40	10	4	20

Wolf und Rabe

Tabelle 8: Häufigkeitszählung aller beziehungsrelevanten Interaktionen zwischen Mutter Hope, dem juvenilen Nanuk und Raben in der sozialen »Bow-Mischgruppe« im Winter 2002/03 ($n = 194$). Im Winter 2002/03 war Nanuk oftmals aufgrund der Umstände als Einzeltier unterwegs

Interaktions-form	An-nähern	Schwanz ziehen	Fell zwicken	Futter stehlen	Renn-spiel	Kreis laufen	Weg-scheuchen
Nanuk + 1 Rabe	32	12	9	18	1	2	6
Nanuk + 2 Raben	20	10	13	11	—	2	3
Hope + 1 Rabe	9	1	—	3	—	—	16
Hope + 2 Raben	10	—	1	3	—	—	12
Total	71	23	23	35	1	4	37

Tabelle 9: Häufigkeitszählung aller beziehungsrelevanten Interaktionen von Alttieren und Wolfswelpen mit Raben in der sozialen »Bow-Mischgruppe« im Mai/Juni 2004

Interaktions-form	An-nähern	Schwanz ziehen	Fell zwicken	Futter stehlen	Renn-spiel	Kreis laufen	Weg-scheuchen
Wolfswelpen + Rabe 1	5	6	2	16	2	2	5
Wolfswelpen + Rabe 2	8	7	2	12	2	1	3
Alttier + Rabe 1	10	3	1	8	1	—	12
Alttier + Rabe 2	12	4	2	4	1	—	9
Total	35	20	7	40	6	3	29

Tabellen 10–12: Gemeinsames Wanderverhalten der »Faireholme-Wolfsfamilie« und »Faireholme-Raben« beim Ansteuern des traditionellen Rendezvousgebietes und Entfernen von demselben, bzw. Wanderausflüge innerhalb des Kernreviers mit 1–2 Raben oder mit Begleitung durch Rabenhorden im Winter 2000/01.

Tabelle 10: Häufigkeitszählung aller beziehungsrelevanten Gemeinschaftsausflüge von Alttieren und jugendlichen Wölfen mit Raben der sozialen »Faireholme-Mischgruppe« durch das Kernrevier im Winter 2000/2001. ($n = 107$)

Wanderverhalten	Ansteuern des Rendezvousgebietes	Enfernen vom Rendezvousgebiet	Wanderausflüge im Kernrevier
Wolfsgruppe + 1 Rabe	20	18	5
Wolfsgruppe + 2 Raben	16	21	5
Wolfsgruppe + Rabenhorde	2	1	19
Total	38	40	29

Tabelle 11: Häufigkeitszählung aller beziehungsrelevanten Gemeinschaftsausflüge von Alttieren und jugendlichen Wölfen mit Raben der sozialen »Faireholme-Mischgruppe« durch das Kernrevier im Winter 2001/02. ($n = 108$)

Wanderverhalten	Ansteuern des Rendezvousgebietes	Enfernen vom Rendezvousgebiet	Wanderausflüge im Kernrevier
Wolfsgruppe + 1 Rabe	18	15	8
Wolfsgruppe + 2 Raben	12	19	6
Wolfsgruppe + Rabenhorde	1	3	26
Total	31	37	40

Wolf und Rabe

Tabelle 12: Häufigkeitszählung aller beziehungsrelevanten Gemeinschaftsausflüge von Alttieren und jugendlichen Wölfen mit Raben der sozialen »Faireholme-Mischgruppe« durch das Kernrevier im Winter 2002/03. ($n = 59$)

Wanderverhalten	Ansteuern des Rendezvousgebietes	Enfernen vom Rendezvousgebiet	Wanderausflüge im Kernrevier
Wolfsgruppe + 1 Rabe	10	8	4
Wolfsgruppe + 2 Raben	7	10	2
Wolfsgruppe + Rabenhorde	2	3	13
Total	19	21	19

Tabellen 13–17: Gemeinsames Wanderverhalten der »Bow-Wolfsfamilie« und »Bow-Raben« beim Ansteuern des traditionellen Rendezvousgebiets und beim Entfernen von demselben, bzw. Wanderausflüge innerhalb des Kernreviers mit 1–2 Raben oder mit Begleitung durch Rabenhorden in den Wintern 2004/05 bis 2008/09.

Tabelle 13: Häufigkeitszählung aller beziehungsrelevanten Wanderausflüge von Alttieren und jugendlichen Wölfen mit Raben der sozialen »Bow-Mischgruppe« durch das Kernrevier im Winter 2004/05. ($n = 60$)

Wanderverhalten	Ansteuern des Rendezvousgebietes	Enfernen vom Rendezvousgebiet	Wanderausflüge im Kernrevier
Wolfsgruppe + 1 Rabe	12	11	6
Wolfsgruppe + 2 Raben	10	8	8
Wolfsgruppe + Rabenhorde	2	1	2
Total	24	20	16

Wolf und Rabe

Tabelle 14: Häufigkeitszählung aller beziehungsrelevanten Wanderausflüge der Alttiere Nanuk und Delinda mit Raben der sozialen »Bow-Mischgruppe« durch das Kernrevier im Winter 2005/06. ($n = 29$)

Wanderverhalten	Ansteuern des Rendezvousgebietes	Enfernen vom Rendezvousgebiet	Wanderausflüge im Kernrevier
Wolfsgruppe + 1 Rabe	3	5	2
Wolfsgruppe + 2 Raben	5	2	2
Wolfsgruppe + Rabenhorde	2	1	7
Total	10	8	11

Tabelle 15: Häufigkeitszählung aller beziehungsrelevanten Wanderausflüge von Alttieren und jugendlichen Wölfen mit Raben der sozialen »Bow-Mischgruppe« durch das Kernrevier im Winter 2006/07 ($n = 107$)

Wanderverhalten	Ansteuern des Rendezvousgebietes	Enfernen vom Rendezvousgebiet	Wanderausflüge im Kernrevier
Wolfsgruppe + 1 Rabe	19	11	8
Wolfsgruppe + 2 Raben	21	10	10
Wolfsgruppe + Rabenhorde	7	3	18
Total	47	24	36

Wolf und Rabe

Tabelle 16: Häufigkeitszählung aller beziehungsrelevanten Wanderausflüge von Alttieren und jugendlichen Wölfen mit Raben der sozialen »Bow-Mischgruppe« durch das Kernrevier im Winter 2007/08 ($n = 118$)

Wanderverhalten	Ansteuern des Rendezvousgebietes	Enfernen vom Rendezvousgebiet	Wanderausflüge im Kernrevier
Wolfsgruppe + 1 Rabe	18	15	12
Wolfsgruppe + 2 Raben	12	16	14
Wolfsgruppe + Rabenhorde	1	2	28
Total	31	33	54

Tabelle 17: Häufigkeitszählung aller beziehungsrelevanten Wanderausflüge von Alttieren und jugendlichen Wölfen mit Raben der sozialen »Bow-Mischgruppe« durch das Kernrevier im Winter 2008/09 ($n = 36$)

Wanderverhalten	Ansteuern des Rendezvousgebietes	Enfernen vom Rendezvousgebiet	Wanderausflüge im Kernrevier
Wolfsgruppe + 1 Rabe	5	4	3
Wolfsgruppe + 2 Raben	4	4	2
Wolfsgruppe + Rabenhorde	—	—	14
Total	9	8	19

Wolf und Rabe

Tabellen 18–20: Wanderverhalten der »Faireholmes-Wolfsfamilie« mit (in %) und ohne Begleitung von »Bow-Raben« beim Ansteuern des traditionellen Rendezvousgebiets und beim Entfernen von demselben mit 1–2 Raben oder mit Begleitung durch Rabenhorden in den Wintern 2000/01 bis 2002/03.

Tabelle 18: Vergleich aller Wanderausflüge von Alttieren und jugendlichen Wölfen der »Faireholme-Mischgruppe« mit (in %) und ohne Raben im Winter 2000/01 ($n = 95$)

Vergleich Anzahl/Prozent	Ansteuern des RS-Gebiets mit Raben	Ansteuern des RS-Gebiets ohne Raben	mit in %	Entfernen vom RS-Gebiet mit Raben	Entfernen vom RS-Gebiet ohne Raben	mit in %
Wölfe + 1 Rabe	20 ×	4 ×	83	18 ×	4 ×	82
Wölfe + 2 Raben	16 ×	4 ×	80	21 ×	3 ×	86
Wölfe + Rabenhorde	2 ×	1 ×	66	1 ×	1 ×	100
Total	38 ×	9 ×	81	40 ×	8 ×	83

Tabelle 19: Vergleich aller Wanderausflüge von Alttieren und jugendlichen Wölfen der »Faireholme-Mischgruppe« mit (in %) und ohne Raben im Winter 2001/02 ($n = 87$).

Vergleich Anzahl/Prozent	Ansteuern des RS-Gebiets mit Raben	Ansteuern des RS-Gebiets ohne Raben	mit in %	Entfernen vom RS-Gebiet mit Raben	Entfernen vom RS-Gebiet ohne Raben	mit in %
Wölfe + 1 Rabe	18 ×	5 ×	78	15 ×	3 ×	83
Wölfe + 2 Raben	12 ×	4 ×	75	19 ×	6 ×	76
Wölfe + Rabenhorde	1 ×	—	100	3 ×	1 ×	75
Total	31 ×	9 ×	77	37 ×	10 ×	79

Wolf und Rabe

Tabelle 20: Vergleich aller Wanderausflüge von Alttieren und jugendlichen Wölfen der »Faireholme-Mischgruppe« mit (in %) und ohne Raben im Winter 2002/03 ($n = 55$)

Vergleich Anzahl/Prozent	Ansteuern des RS-Gebiets mit Raben	Ansteuern des RS-Gebiets ohne Raben	mit in %	Entfernen vom RS-Gebiet mit Raben	Entfernen vom RS-Gebiet ohne Raben	mit in %
Wölfe + 1 Rabe	10 ×	4 ×	71	8 ×	3 ×	73
Wölfe + 2 Raben	7 ×	3 ×	70	10 ×	3 ×	77
Wölfe + Rabenhorde	2 ×	1 ×	66	3 ×	1 ×	75
Total	19 ×	8 ×	70	21 ×	7 ×	75

Tabellen 21–25: Wanderverhalten der »Bow-Wolfsfamilie« mit (in %) und ohne Begleitung von »Bow-Raben« beim Ansteuern des traditionellen Rendezvousgebiets und beim Entfernen von demselben mit 1–2 Raben oder mit Begleitung durch Rabenhorden in den Wintern 2004/05 bis 2008/09.

Tabelle 21: Vergleich aller Wanderausflüge von Alttieren und jugendlichen Wölfen der »Bow-Mischgruppe« mit (in %) und ohne Raben im Winter 2004/05 ($n = 58$)

Vergleich Anzahl/Prozent	Ansteuern des RS-Gebiets mit Raben	Ansteuern des RS-Gebiets ohne Raben	mit in %	Entfernen vom RS-Gebiet mit Raben	Entfernen vom RS-Gebiet ohne Raben	mit in %
Wölfe + 1 Rabe	12 ×	3 ×	80	11 ×	3 ×	79
Wölfe + 2 Raben	10 ×	3 ×	77	8 ×	3 ×	73
Wölfe + Rabenhorde	2 ×	1 ×	66	1 ×	1 ×	50
Total	24 ×	7 ×	77	20 ×	7 ×	74

Wolf und Rabe

Tabelle 22: Vergleich aller Wanderausflüge von Alttieren und jugendlichen Wölfen der »Bow-Mischgruppe« mit (in %) und ohne Raben im Winter 2005/06 ($n = 29$)

Vergleich Anzahl/Prozent	Ansteuern des RS-Gebiets mit Raben	Ansteuern des RS-Gebiets ohne Raben	mit in %	Entfernen vom RS-Gebiet mit Raben	Entfernen vom RS-Gebiet ohne Raben	mit in %
Wölfe + 1 Rabe	3 ×	2 ×	60	5 ×	3 ×	63
Wölfe + 2 Raben	5 ×	3 ×	63	2 ×	1 ×	66
Wölfe + Rabenhorde	2 ×	1 ×	66	1 ×	1 ×	50
Total	10 ×	6 ×		8 ×	5 ×	62

Tabelle 23: Vergleich aller Wanderausflüge von Alttieren und jugendlichen Wölfen der »Bow-Mischgruppe« mit (in %) und ohne Raben im Winter 2006/07 ($n = 98$)

Vergleich Anzahl/Prozent	Ansteuern des RS-Gebiets mit Raben	Ansteuern des RS-Gebiets ohne Raben	mit in %	Entfernen vom RS-Gebiet mit Raben	Entfernen vom RS-Gebiet ohne Raben	mit in %
Wölfe + 1 Rabe	19 ×	6 ×	76	11 ×	4 ×	73
Wölfe + 2 Raben	21 ×	8 ×	72	10 ×	3 ×	77
Wölfe + Rabenhorde	7 ×	4 ×	64	3 ×	2 ×	60
Total	47 ×	18 ×	72	24 ×	9 ×	73

Wolf und Rabe

Tabelle 24: Vergleich aller Wanderausflüge von Alttieren und jugendlichen Wölfen der »Bow-Mischgruppe« mit (in %) und ohne Raben im Winter 2007/08 ($n = 88$)

Vergleich Anzahl/Prozent	Ansteuern des RS-Gebiets mit Raben	Ansteuern des RS-Gebiets ohne Raben	mit in %	Entfernen vom RS-Gebiet mit Raben	Entfernen vom RS-Gebiet ohne Raben	mit in %
Wölfe + 1 Rabe	18 ×	6 ×	75	15 ×	5 ×	75
Wölfe + 2 Raben	12 ×	5 ×	71	16 ×	5 ×	77
Wölfe + Rabenhorde	1 ×	1 ×	50	2 ×	2 ×	50
Total	31 ×	12 ×	72	33 ×	12 ×	73

Tabelle 25: Vergleich aller Wanderausflüge von Alttieren und jugendlichen Wölfen der »Bow-Mischgruppe« mit (in %) und ohne Raben im Winter 2008/09 ($n = 22$)

Vergleich Anzahl/Prozent	Ansteuern des RS-Gebiets mit Raben	Ansteuern des RS-Gebiets ohne Raben	mit in %	Entfernen vom RS-Gebiet mit Raben	Entfernen vom RS-Gebiet ohne Raben	mit in %
Wölfe + 1 Rabe	5 ×	2 ×	71	4 ×	1 ×	80
Wölfe + 2 Raben	4 ×	1 ×	80	4 ×	1 ×	80
Wölfe + Rabenhorde	—	—	—	—	—	—
Total	9 ×	3 ×	75	8 ×	2 ×	80

Ein Welpe soll es sein!

Angelika Lanzerath

Sie möchten einen Welpen ins Haus nehmen? Haben Sie sich das gut überlegt? Ein Welpe kostet Zeit, viel Zeit! Und Nerven! Vom Geld einmal abgesehen, denn er will etwas zu fressen bekommen, benötigt tierärztliche Betreuung und etliche Anschaffungen sind für ein Hundekind notwendig. Die zukünftige Urlaubsplanung gestaltet sich auch nicht mehr ganz so einfach und wer morgens gern lange schläft oder überhaupt auf eine geregelte Nachtruhe Wert legt, der hat durch den Vierbeiner im Haus nun ganz schlechte Karten. Schmutzig wird es bedeutend schneller in den »heiligen Hallen« des Heimes, aber auch im Auto, welches natürlich von der Größe her hundetauglich sein muss. Und überall fliegen Hundehaare herum. Wer nun denkt, die Haarsituation würde durch die Wahl eines kurzhaarigen Hundes positiver geregelt, dem sei gesagt, dass auch diese Hunde haaren und die Haare fast noch schlechter zu entfernen sind und zusätzlich sehr unangenehm pieken.

Doch haben Sie das Für und Wider gut überlegt und abgewogen, den Familienrat eingeholt und gemeinsam alles besprochen, um diese Entscheidung zu treffen, dann kann man Ihnen gratulieren, denn mit dem Hundekind werden auch viele schöne Stunden und beglückende Begebenheiten in Ihr Haus einziehen, denn bei allen genannten Einschränkungen: Die Freude und die Bereicherung durch den vierbeinigen Zuwachs überwiegen bei Weitem.

Im Folgenden möchte ich Ihnen einige Tipps und Informationen an die Hand geben, was vor dem Kauf eines Welpen zu beachten ist und wie Sie die ersten Tage des vierbeinigen Familienmitglieds im neuen Zuhause sinnvollerweise gestalten. Auch manche Hundeschulen bieten

Ein Welpe soll es sein!

Beratungsgespräche vor dem Hundekauf an, häufig sogar kostenlos, wie z. B. die Hunde-Farm »Eifel«, Bad Münstereifel, und die Hundeschule »Tatzen-Treff«, Kirchhundem.

Über 400 Rassen sind weltweit offiziell anerkannt. Waren vor einigen Jahren noch Schäferhund und Dackel diejenigen Rassehunde, die die Welpenkauflisten anführten, so sind es heutzutage die Retrieverrassen, allen voran der Labrador Retriever. Alle Hunderassen sind grob eingeteilt in 10 FCI-Gruppen, wobei jede Gruppe eine bestimmte Art Rassehunde beheimatet.

Jede Rasse, jeder Hundetyp, und dementsprechend auch jeder Mischling, der ja letztlich auch ursprünglich von bestimmten Rassen abstammt, hat eigene Fähigkeiten, Fertigkeiten, Bedürfnisse und Ansprüche. So sollte nicht nur das äußere Erscheinungsbild den Ausschlag für die Entscheidung zu der Rasse oder dem Mischling geben, sondern hauptsächlich die Überlegungen: Was möchte ich mit dem Hund gemeinsam machen und erleben, was kann ich ihm bieten, was braucht

Ein Welpe soll es sein!

er und was ist bei diesem Hundetyp an Verhaltenstendenzen, Bewegungsansprüchen und äußeren Erscheinungsmerkmalen (groß, kräftig, klein, wendig, ruhig, lebhaft usw.) zu erwarten. Fällt die Entscheidung für einen Rassehund, so sollte die Suche nach einem geeigneten Hund nicht derart verlaufen, wie meine Kollegin Petra Krivy es in einem Zeitungsartikel so köstlich-amüsant und sarkastisch wie leider häufig zutreffend beschrieben hat: »Samstagmorgen, neun Uhr in Deutschland, Familienfrühstück bei Familie Hoppenstedt (Loriot möge mir diesen Ausleiher genehmigen). Die umfangreiche Samstagszeitung wird gerecht in der Familie aufgeteilt: Kultur und regionales Geschehen geht zu Mutters Seite hin, die Kinder erhalten den bunten Innenteil mit Kinderrätsel und Musik-Charts, für den ›Papp‹ gibt es Wirtschaft, Politik, Sport und den Anzeigenteil mit dem Automarkt. Systematisch wird alles durchgeblättert, bis die Kleinanzeigen dann zum guten Schluss überflogen werden und der Blick am Tiermarkt hängen bleibt. Tja, die Anschaffung eines Haustieres in Form eines Hundes wurde schonmal ins Kalkül gezogen: Damit die Kinder einen Spielkameraden haben und Verantwortungsbewusstsein lernen, damit die Mama nicht immer so allein ist und einen Beschützer hat, wenn Vattern mal wieder auf Geschäftsreise oder länger im Büro, damit das Haus nicht so verwaist, wenn mal alle Bewohner ausgeflogen sind – und weil es ganz einfach irgendwie dazugehörig scheint, wenn man Werbung und sonstigen Suggestionen folgt. Und ein Rassehund wäre ja sogar noch richtig chic und bessert womöglich das Prestige auf! Familie Hoppenstedt hat an diesem Wochenende nichts vor, das Wetter ist auch ziemlich mies und die allgemeine Stimmung eher gelangweilt mit Tendenz zum Missmut. Da wäre doch so ein Ausflug zu einem Hundeverkäufer eine willkommene Abwechslung und man könnte sich vor Ort einmal etwas mehr informieren. Der Samstags-Tiermarkt in der Zeitung ist voll mit ›interessanten‹ Angeboten: Rassehunde-Klassehunde werden angepriesen, die Welpen sogar garantiert HD-frei (was in diesem Alter gar nicht zugesichert werden kann!). Aber auch niedliche Mischlinge werden angeboten und, man staune, denn dabei sogar einige mit Papieren! (...) Die ältere Tochter hat ihre Internetkenntnisse unter Beweis gestellt und schnell eine angegebene Internetadresse gecheckt, wie es so schön Neudeutsch heisst. Hunde gibt es dort, auch Pferde. Alles sieht sauber auf den Bildern aus, die Tiere schauen glücklich und zufrieden dem

Ein Welpe soll es sein!

Betrachter ins Gesicht, ausserdem ist ein Hof-Café gleich mit dabei, wo es Kaffee und selbstgebackenen Kuchen, natürlich mit Eiern von glücklichen Hühnern, gibt. Das klingt alles verlockend und verspricht ein erquickliches Vergnügen zu werden. Laut Internet sind die Leute ›immer‹ zu erreichen, allerdings beschränkt sich deren ›immer‹ auf 5 Tage in der Woche und jeweils 4 Stunden an diesen Tagen. Nun ja, immer ist offenbar nicht immer immer. Dafür wird aber eine laufend vorhandene Auswahl an bildhübschen Mischlingswelpen und verschiedensten Rassehundebabies angepriesen, die es dann auch noch in allen Farben, Formen und Fellvarianten gibt. Toll, passend zu jeder Wohnungseinrichtung und bestimmt für jeden Geschmack was dabei. Klingt ja facettenreicher als ein Autokauf. Auch wird darauf hingewiesen, dass man selber kein Züchter sei, sondern wurfweise Welpen aufkauft, um diese dann privat weiterzuvermitteln. Aha, scheint logisch, denn das Auto kauft man ja auch nicht beim Hersteller, sondern im Autohaus und die Waschmaschine nicht in der Fabrik, sondern im Elektroladen. Da bekommt man ja auch die entsprechende Fachberatung, so scheint ja alles seine Richtigkeit zu haben. Oder etwa nicht??? (...)

Blitzblanke Zwingeranlagen werden vorgefunden, in denen vermeintlich putzmuntere Hundekinder ihre Kindheit genießen. Alles sauber und adrett, sogar eigene Häuschen inmitten von Rasenausläufen sind zu sehen. Die menschlichen Betreuer erweisen sich als freundlich und auskunftsbereit, zumindest was Preis und ›Lieferumfang‹ des Kaufgegenstandes Hund anbelangt. Eventuell doch aufkommende Fragen, geschweige denn Zweifel, werden eloquent im Keim erstickt und der eingestreute Hinweis, dass gerade für den bevorzugten Welpen bereits weitere Interessenten vorhanden sind, lassen schnelles Handeln und unüberlegte Entscheidungskonsequenz nö-

Ein Welpe soll es sein!

tig werden. Natürlich sind alle Hunde tierärztlich untersucht, was durch Impfpässe und/oder sonstige Bescheinigungen attestiert wird. Natürlich haben die Rassehunde ›Papiere‹, aber wenn man selber nicht züchten will, dann kann man sich getrost das Geld sparen, denn sicherlich hat jeder Verständnis dafür, dass die Papiere gesondert berechnet werden müssen!? ›Ach, wie süß!‹ Und: ›Nein, wie niedlich!‹ ›Schau nur da, der ganz Kleine, der so verschreckt in der Ecke sitzt! Der fühlt sich bei uns bestimmt viel wohler, als hier unter der Masse, die sich so gar nicht um ihn kümmert. Den nehmen wir mit!‹ Gesagt, getan, schnell wird man sich handelseinig. Benötigtes Zubehör gibt es praktischerweise im ebenfalls vorhandenen ›Pet-Shop‹ und bevor Familie Hoppenstedt eigentlich so recht bis Drei denken kann, sitzen alle wieder im Auto, um einige Hundert Euro ärmer, dafür aber um ein Familienmitglied reicher.«[2]

Somit ergibt sich die Frage: Wie finde ich einen seriösen Züchter und was ist zu beachten beim Welpenkauf? Theoretisch kann jeder Mensch züchten, der weiß, dass man dafür ein männliches und ein weibliches Tier braucht, und sich wohlklingend »Hobbyzüchter« nennen! Hundewelpen werden in Kellern, Ställen, Gartenverschlägen, ja sogar in Kofferräumen ausgedienter KFZ groß! Klingt unvorstellbar, ist aber leider gelegentliche Realität.

Was ist dann aber ein »guter« Züchter – und was ein schlechter? »Viele Fragezeichnen rund um ein Lebewesen, welches als vierbeiniges Familienmitglied in die menschliche Sozialgemeinschaft aufgenommen werden soll.« (Krivy, 2006) Sicherlich kann auch ein »Zufallswurf« oder geplanter Mischlingsnachwuchs ausgesprochen wohlbehütet und umsorgt aufwachsen und alle Förderung und Pflege erfahren und genießen, die nur möglich ist. Alles liegt in der Verantwortung des jeweils zuständigen Menschen, an seinem Bemühen und an seinem Wissen. Hier sollte man als zukünftiger Welpenerwerber auch bei einem Mischlingswurf keine Zugeständnisse machen. Ein mangelhaft geprägter und sozialisierter Wurf zeigt die gleichen Störungen, egal ob Rassehunde oder Mischling! Krivy weist in ihrem bereits erwähnten Artikel zu Recht darauf hin, dass »ein Rassehundwelpe von einem organisierten Züchter

---

[2] Petra Krivy, Textpassagen mit freundlicher Genehmigung der Gong Verlag GmbH & Co. KG und der Redaktion DHM entnommen aus »Das Deutsche Hundemagazin«, Ausgabe 01/06

Ein Welpe soll es sein!

gekauft werden (sollte), welcher durch seinen zugehörigen Verein und dem dahinterstehenden Verband kontrolliert wird. (...) Sicherlich gibt es auch in großen Vereinen und Verbänden schwarze Schafe, das kann und soll gar nicht verschwiegen werden. Doch zumindest bieten Verein und Verband auch eine gewisse Kontrollinstanz und Anlaufstellen bei Problemen.«

Was seriöse Zuchtstätten auszeichnet[3]

1. Seriöse Züchter züchten normalerweise »ihre« Rasse, vielleicht noch eine weitere, z. B. eine großwüchsige und eine kleinwüchsige oder zwei verschiedene Kleinhunderassen o. ä. Sicherlich werden bei ihnen aber nicht drei, vier oder noch mehr Rassen und Mischlinge angeboten oder dem interessierten Welpenkäufer das Angebot gemacht, jeden

---

[3] nach Krivy und ohne Anspruch auf Vollständigkeit

Ein Welpe soll es sein!

x-beliebigen Welpen »organisieren« zu können, womöglich noch termingerichtet und mit Frei-Haus-Lieferung.

2. Die Zuchthunde, auch ältere, ehemalige Zuchttiere, leben mit im häuslichen Bereich und Umfeld und haben ausreichenden Kontakt zum Menschen. Dies besonders in der Zeit, in welcher Welpen vorhanden sind. Die Welpen sind in ihrer täglichen Umgebung zu sehen und die Mutterhündin ist bei ihnen. Seine Gedanken sollte man sich machen, wenn im Züchterhaushalt keine Hunde anzutreffen sind, die älter als acht Jahre sind, obwohl dies die Generationenfolge eigentlich vermuten ließe! Hier scheint altes, »ausgedientes Material« ausrangiert zu werden, was Aufschluss über die Einstellung des Züchters zu seinen Hunden gibt.

3. Die Zuchtstätte ist sauber und welpengerecht ausgerichtet. Ein natürliches, »kreatives« Chaos in der Zeit, in der Welpen zugegen sind, ist aber nicht auszuschließen und normaler Züchteralltag! In der Regel laufen in der Zeit der Welpenaufzucht Waschmaschine und Kaffeemaschine um die Wette, Welpenbesucher geben sich die Klinke in die Hand und der Züchter macht einen leicht übernächtigten Eindruck.

Sitzen, stehen oder liegen die Welpen im Dreck, in Feuchtigkeit, in ihrem eigenen Kot und Futterresten, so scheint es mit der Umsorgung der Welpen nicht ganz zum Besten zu stehen. Auch zugige, feuchte und vor Kälte ungeschützte Unterbringung der Welpen ist nicht gesundheitsförderlich und ein Warnsignal.

4. Welpen sind nicht über das ganze Jahr »verfügbar«. Manchmal gibt es nur einen Wurf pro Jahr oder auch nur alle zwei, drei Jahre. Interessiert man sich für einen Welpen aus einer bestimmten Zuchtstätte, so muss man u. U. auch schonmal eine längere Wartezeit in Kauf nehmen. Diese Wartezeit lässt sich aber vortrefflich dazu nutzen, sich intensiver um die Rasse zu informieren und/oder den freundschaftlichen Kontakt zum Züchter zu intensivieren.

5. Hündinnen werden nicht bei jeder Läufigkeit belegt und unterliegen den Vorgaben des Rassehundezuchtvereins in Bezug auf Mindestalter und maximales Alter für die Zuchtverwendung.

Ein Welpe soll es sein!

6. Elterntiere und Welpen sind gesund, wohlgenährt und Menschen gegenüber aufgeschlossen. Der Züchter kann regelmäßiges Entwurmen der Welpen und erfolgte Impfungen nachweisen.

7. Die Elterntiere haben eine Zuchtzulassungsprüfung durchlaufen, erfolgte gesundheitliche Pflichtuntersuchungen können nachgewiesen werden, die Wurfaufzucht wird kontrolliert. Nach durch den zuständigen Rassezuchtverein erfolgter Wurfabnahme werden die Ahnentafeln zuerkannt, ausgestellt und später dem Welpenkäufer ohne Zusatzkosten ausgehändigt.

8. Zum Welpen gehört außerdem der Impfausweis als Beleg über die erfolgte Grundimmunisierung. Bei allen Rassen ist ein implantierter Mikrochip vorgeschrieben.

9. Der Züchter duldet nicht, sondern erwartet Besuche »seiner« Welpenkäufer! Auch über den Verkauf des Hundes ist er am Kontakt zum neuen Besitzer und dem von ihm gezüchteten Hund interessiert. Er informiert sich eingehend über die Wohn- und Lebensverhältnisse des neuen Hundebesitzers, um sich ein Bild vom späteren Umfeld »seines« Hundekindes zu machen. Unter Umständen rät er auch von der Rasse ab, wenn er das Gefühl hat, dass diese Rasse nicht zum Interessenten passt.

10. Der Züchter berichtet offen und ohne Umschweife auch über negative Aspekte der von ihm gezüchteten Rasse und klärt auf, statt mit Ausstellungserfolgen und ausschweifenden Platitüden um sich zu werfen. Er setzt sich bereitwillig in Ruhe und Zeit mit den Welpeninteressenten zusammen und sucht im Gespräch alle Fragen hinreichend zu klären und umfassend, sachlich und fachlich korrekt zu informieren.

11. Von einem Züchter darf ein kynologisches Grundwissen erwartet werden, welches über den Inhalt des jeweiligen Rassestandards hinaus geht. Ein professioneller Züchter (womit nicht der berufsmäßige, gewerbliche »Brot-Fokker« gemeint ist!) zeichnet sich dadurch aus, dass er auch zu gesundheitlichen, ethologischen, biologischen Aspekten

Ein Welpe soll es sein!

kompetent Auskunft geben kann und zu Fragen rund um Erziehung, Ernährung, Haltung usw. fachlich versiert und verständlich informiert.

12. Der zwischen Züchter und Käufer abgeschlossene Kaufvertrag sollte rechtlich korrekt abgefasst sein und unter Berücksichtigung des neuen Kaufrechts die Belange von Züchter und Käufer hinreichend berücksichtigen und schützen.

Mit den zuvorgegebenen Hinweisen sollte es nun für Sie leichter möglich sein, den für Sie geeigneten, kompetenten Züchter zu finden und den Start ins Hundehalter-Dasein mit dem Kauf eines Welpen zu starten! Viel Spaß und Erfolg dabei!

Bitte erwerben Sie keinen Welpen aus Mitleid! Für jedes Tier, dass Sie aus misslichen Verhältnissen herausholen, sitzt Minuten später ein neuer Vierbeiner in eben selbigen. Durch einen Kauf unterstützen Sie die Machenschaften von Vermehrern!

Die erste Zeit im neuen Heim

Wenn der Welpe einzieht, sollten die ersten Tage ruhig verlaufen. So hat der Kleine die Möglichkeit sich erstmal einzuleben. Machen Sie nicht den Fehler und laden sich jede Menge Leute ein, weil Sie den »Lütten« doch sooooo gerne der Verwandtschaft vorstellen wollen. Das hat Zeit und kann auf später verschoben werden.

Haben Sie Ihren Welpen, so wie es sein sollte, vor Übernahme einige Male beim Züchter besucht, wird die Umstellung für den Kleinen nicht ganz so schlimm ausfallen. Zumindest Sie und Ihre Familie sind ihm bereits bekannt, dennoch bedeutet der Umzug ins neue Zuhause auch eine gewisse Belastung. Bedenken Sie einmal, was der Wechsel für den Welpen bedeutet: Er wird mit dem Tag der

Ein Welpe soll es sein!

Abgabe aus seinem intakten, im absolute Sicherheit vermittelnden Sozialgefüge (Welpenrudel) herausgerissen und kommt in eine völlig neue Umgebung mit fremden Gerüchen, Geräuschen, Tagesroutinen. Wie können Sie ihm dieses Trennungserlebnis erleichtern?

Die ersten Wochen gehört der Kleine in Ihre unmittelbare Nähe, vor allem abends und nachts, wenn normalerweise das Welpenrudel besonders eng zusammenrückt. Gerade jetzt braucht er die Nähe seines neuen Ersatzrudels (Ihrer Familie). Legen Sie eine Decke neben Ihr Bett. Es kann sein, daß der Kleine die ersten Nächte trauert. Sobald Sie das merken, signalisieren Sie ihm, dass er nicht allein ist und Sie da sind. Vermitteln Sie ihm Sicherheit durch Ihre Gegenwart, die er jetzt unbedingt braucht. Wie lange diese Eingewöhnungsphase dauert ist von Welpe zu Welpe unterschiedlich. Wenn er sich sicher fühlt, wird er sich seinen eigenen Schlafplatz selber suchen. Auf diese Art und Weise wird der Welpe auch schnell stubenrein, da Sie merken, wenn er unruhig wird, und ihn zum Lösen hinausbringen können.

Die »Methode«, den Welpen isoliert in einen Raum zu sperren, um in Ruhe schlafen zu können (irgendwann hört er schon auf zu heulen!!), sollten Sie auf keinen Fall in Betracht ziehen. Denken Sie daran: Sie haben den Vierbeiner aus der gewohnten Umgebung und aus der dort vorhandenen Sicherheit gerissen. Isolieren Sie ihn auf eine so brutale Art nur aus Bequemlichkeit, muß für den Kleinen eine Welt zusammenbrechen! Das Vertrauen zum Menschen wird schwer erschüttert! Und Vertrauen ist die Basis für ein beglückendes Miteinander.

Die ersten Monate sind außerordentlich anstrengend, aber je mehr Zeit Sie anfangs investieren, desto schneller wird sich der Welpe einleben.

Ein paar Worte zur Stubenreinheit

Die konsequente Erziehung zur Verrichtung der »Geschäfte« ausserhalb des Hauses ist durchaus anstrengend und mehr oder weniger aufwändig. Der junge Vierbeiner hat kein Verständnis dafür, dass Sie gerne nachts durchschlafen möchten. Rechnen Sie also bitte damit, dass er Sie auch des Nachts ein- bis zweimal aus dem warmen Bett scheucht,

Ein Welpe soll es sein!

weil er raus muss. Nicht immer löst er sich draußen sofort, also bitte immer warm anziehen. Manchmal hält er die nächtliche Zeit auch für eine gute Gelegenheit, den Garten zu erkunden oder Sie zum Spiel aufzufordern. Üben Sie sich in Geduld, auch wenn es schwer fällt und lassen Sie sich zum Trost sagen: Diese anstrengende Zeit ist irgendwann vorbei. Setzt der Kleine Kot und Urin ab, bitte ausführlich loben. Am besten verbinden Sie diese beiden Verrichtungen mit irgendeinem Kommando (z.B. »fein Pipi«). Es ist ungeheuer praktisch, wenn ein Hund im Notfall seinen Bedürfnissen auf Kommando nachkommen kann. Ist alles erledigt, zurück ins warme Bett! Wenn es möglich ist, wechseln Sie sich mit den »Welpennachtwachen« ab, dann liegt diese Belastung nicht ausschließlich bei einem Familienmitglied. Sollte trotz aller Aufmerksamkeit einmal ein Unglück passieren, wischen Sie es ohne Kommentar weg.

Wichtig: Ausscheidungen, egal welcher Art, sind für den Hund nichts Unsauberes und Unnatürliches. Aus diesem Grund auf keinen Fall die Hundenase hineinstoßen.

Wenn Sie den kleinen Kerl »auf frischer Tat« erwischen, begegnen Sie dem mit einem lauten und energischen »Pfui« – und ab nach draußen. Hier wird gewartet (geduldig), bis er sich löst und wieder loben, loben, loben ...

Auf diese Weise lernt der Welpe, wo Kot und Urin abgesetzt werden dürfen und wo es nicht erwünscht ist.

Fütterung

Die Fütterung von Welpen und Junghunden braucht nicht zu einer Wissenschaft gemacht zu werden, obwohl der Zeitgeist dies suggeriert. Die Nahrungsmenge richtet sich individuell nach dem einzelnen Hund, hier kann also keine allgemeine Angabe gemacht werden. Ein kleiner Tip: Lässt Ihr Welpe Futter stehen, so war die Portion zu groß und es sollte bei der nächsten Malzeit etwas weniger angeboten werden. Doch gibt es auch Welpen, die Fressen würden, bis sie kurz vorm Platzen stehen! Deshalb bitte immer auch das Gewicht des Hundes im Auge behalten. Ein Welpe soll gut genährt, aber niemals dick und fett sein! Die Entstehung vieler Gelenkserkrankungen werden durch

Ein Welpe soll es sein!

Übergewicht begünstigt. Zur Zeit der Übernahme eines zehn Wochen alten Welpen bekommt der Hund in der Regel noch 4 Mahlzeiten. Ab ca. der 12. Woche können Sie ihn auf 3 Mahlzeiten umstellen. Ab dem 7. Monat ist eine Reduzierung auf 2 Mahlzeiten möglich. Bei dieser Anzahl der Mahlzeiten sollten Sie auch beim erwachsenen, großen Hund bleiben. Ein nur einmaliges Füttern pro Tag begünstigt ebenfalls einige Erkrankungen und verleitet den ausgehungerten Hund zum Schlingen.
    Ein Welpe sollte verschiedene Futterarten kennenlernen. Dazu gehört Welpenfutter als Krokette oder qualitativ gutes Dosenfutter ebenso wie Frischfleisch, Pansen, Obst, Gemüse, Quark und Joghurt. Viele Hunde akzeptieren Trockenfutter leichter, wenn es vor dem Verfüttern zehn Minuten in warmem Wasser oder dünner, ungewürzter Fleischbrühe eingeweicht wurde. Dies vor allem bei Welpen, die im Zahnwechsel sind und ungern kauen, weil ihnen dies vielleicht Schmerzen verursacht.
    Dennoch braucht Ihr Hund im Zahnwechsel Dinge, auf denen er herumkauen kann. Warnen möchte ich ausdrücklich vor Büffelhautknochen: Sie bergen die Gefahr, dass der Vierbeiner größere Reste ungekaut herunterwürgt, was zu Magen- und Darmverschlüssen oder Ersticken führen kann.
    Ungefährlich dagegen sind z.B. Rinderohren, Ochsenziemer, Kopfhaut, Sehnen, Lammrippen, Hühnerhälse und harte Kekse.
    Bei einer abwechslungsreichen Fütterung mit ausgewogenen Welpen- und Junghundfutterprodukten sind Zusätze wie Kalk oder Mineralstoffe überflüssig, ja sogar gefährlich, da ein Überschuss zu Schäden führen kann.
    Sehr gut verträglich und gut für das Fell und den Gesamtorganismus ist die Gabe von kaltgepresstem Distel-, Lein-, Nachtkerzen- oder Schwarzkümmelöl, was nicht täglich, aber mehrere Male pro Woche gegeben werden sollte.
    Den so oft gelobten Hungertag halte ich, gerade bei großen Rassen, für sehr gefährlich: Am folgenden Tag wird das Futter meist hastig heruntergeschlungen, was unter Umständen zu der gefürchteten Magendrehung führen kann. Also lieber die ganze Woche über mäßig und abwechslungsreich füttern, dann bleibt der Hund schlank und fit.
    Die ersten paar Tage im neuen Heim wird der Welpe vielleicht nicht viel Lust zum Fressen haben. Die verhältnismäßig geringen Mengen, die er aufnimmt, versetzen die neuen Besitzer oft in helle Aufregung!

Ein Welpe soll es sein!

Aber bitte: Keine Sorge! Auf den kleinen Kerl stürmen so viele neue Eindrücke ein, er muss die Umstellung erstmal verkraften. Aus diesem Grund wird er vielleicht nur das wirklich Nötigste zu sich nehmen. Verfallen Sie jetzt nicht aus lauter Sorge in den Fehler, den Kleinen durch das Anbieten der tollsten Futtersachen (ich hörte hier und da schon einmal von Filet!) zum Fressen zu animieren. Damit würden Sie schon den Grundstein zum schlechten Fresser legen. Wer nimmt schon noch einfache Dinge an, wenn er Besseres geboten bekommt? Ein paar Tage Geduld, und Ihr neuer Hausgenosse wird ganz normal das ihm gewohnte, vom Züchter mitgegebene Futter fressen. Haben Sie vor, etwas anderes zu füttern, so stellen Sie den Welpen schrittweise darauf um, um Durchfälle zu vermeiden.

Wichtig: Keine Angst, ein gesunder Welpe verhungert nicht freiwillig! Schlechte Fresser werden nicht geboren, sondern erzogen!

Alles was Ihr Hund in 5 Minuten nicht gefressen hat, wird weggeschüttet. Futterreste nicht aufbewahren, da angesäuertes Futter zu schweren Verdauungsstörungen führen kann.

Impfungen und Entwurmungen

Der Kauf bei einem verantwortungsbewussten (!!!) Züchter gibt Ihnen die Gewähr, dass Ihr Welpe unter tierärztlicher Aufsicht aufgewachsen ist und während der acht oder neun Wochen beim Züchter einige Male entwurmt wurde. Vor der Abgabe wurde der Welpe mit acht Wochen gegen Staupe, Hepatitis, Leptospirose, Parvovirose und Parainfluenza grundimmunisiert. Vier Wochen nach der Erstimpfung muss die Impfung wiederholt werden. In den meisten Fällen geschieht dies in Verbindung mit der Tollwutimpfung.

Wenn Sie den Welpen Ihrem Tierarzt vorstellen, wird dieser Sie über die notwendigen weiteren Impfungen informieren.

Bindung und was sie bedeutet

In dem Buch »Was ein Welpe lernen muss«, welches von meiner Kollegin Petra Krivy und mir geschrieben wurde und im Müller-Rüschlikon Ver-

Ein Welpe soll es sein!

lag 2009 erschien, haben wir uns ausführlich mit dem Bindungsbegriff auseinandergesetzt.

Ich zitiere daher an dieser Stelle: »Immer wieder ist zu hören und zu lesen, dass der Hund Bindung zu seinem Menschen aufbauen muss. Grundsätzlich ist das durchaus richtig, in Bezug auf den Welpen sind dabei aber einige Erkenntnisse der Verhaltensforschung richtungsweisend zu beachten. Welpen bis hin zum Junghund von ca. einem halben Jahr entwickeln zwar eine recht stark ausgeprägte Ortsbindung, jedoch noch keine individuell ausgeprägte Personenbindung! Warum das so ist, beschreibt Zimen bereits 1988 sehr anschaulich und nachvollziehbar: Unsere Hunde verhalten sich grundsätzlich wie verjugendlichte Wölfe (Fetalisation). Zwischen der Entwicklung der Hunde- und Wolfswelpen gibt es erstmal kaum wesentliche Unterschiede. Erst in der späteren Entwicklung der beiden Canidenarten sorgen die Domestikationserfolge dafür, dass im Entwicklungsvergleich Hunde auf dem Jugendstadium eines Wolfes stehenbleiben und nicht das ausgeprägte Scheue-Verhalten und die Fluchttendenzen ihres Ur-Ahnen aufweisen. Voraussetzung ist natürlich eine gute, umfassende Sozialisation des Haushundes.

Wolfswelpen begegnen Artgenossen grundsätzlich freundlich und unterwürfig. Sie demonstrieren überschwänglich kindliche Abhängigkeit, um »so den Fremden zu verstärktem Fürsorgeverhalten zu animieren«. Zimen bezeichnet dies Verhalten als Überlebensstrategie, »infantile Freundlichkeit (...) des Welpen als ´Waffe´«. Dieses generelle freundliche Verhalten Artgenossen, aber auch Menschen gegenüber, sehen wir auch bei unseren Hundewelpen. »Freundliches Verhalten gegenüber Fremden ist nicht Ausdruck der Bindungsschwäche gegenüber seinem Herrn, (...) sondern ein Anzeichen dafür, dass diesen Hunden die große

Ein Welpe soll es sein!

Kontaktbereitschaft des jungen Wolfes erhalten blieb.« Wolfswelpen, wie Hundewelpen auch, laufen ungerichtet ihnen bekannten Lebewesen hinterher. Anfangs bleiben sie in relativer Nähe, weisen aber deutliches Unbehagen auf, wenn es in unbekanntes Terrain geht. Erst im Alter von drei Monaten lassen sie sich locken und motivieren, auch bislang fremde Pfade zu beschreiten.»Diese Ortsbindung bleibt bis zum Alter von etwa fünf bis sechs Monaten bestehen.« Das Verhalten erklärt sich aus der biologischen Entwicklung des jungen Wolfes, denn erst im Alter von ungefähr »einem halben Jahr (ist er) kräftig genug (...), den älteren Tieren auf längeren Wanderungen zu folgen.« (Zimen) Außerdem ist der ortstreue Welpe leicht und problemlos von den Alttieren wieder auffindbar, wenn diese mit Futter von Jagdstreifzügen zurückkehren.

Die vorangegangenen Ausführungen bieten (...) Ansatzpunkte für des »Hundekindes Unterrichtsinhalte«. Einerseits soll der Welpe viele positiv besetzte Kontakte knüpfen und seine nächste Umgebung erkunden können, andererseits darf er hierbei aber nicht überfordert werden. Gansloßer betont in seiner »Verhaltensbiologie für Hundehalter« ebenfalls, dass Welpen »bis zum Alter von acht bis zehn Wochen kaum größere Exkursionen unternehmen.« Weiter betont er die Notwendigkeit, »den Welpen und Junghunden unterschiedliche Umweltreize in zu bewältigender Form und zu bewältigendem Ausmaß zu präsentieren«, weist aber gleichzeitig darauf hin, dass »dies jedoch besser dadurch geschieht, dass man die Welpen entweder mit diesen Reizen zu Hause oder in der nächsten Umgebung der Wohnung konfrontiert.« Damit spricht sich Gansloßer keinesfalls gegen die sinnvolle Teilnahme an Welpengruppen oder sonstigen Aktivitäten mit dem jungen Hund aus, rät vielmehr eindringlich dazu, das Hundekind zu diesen Treffpunkten im Körbchen, in der Box oder im Auto zu transportieren, da lange »Spaziergänge (...) sowohl verhaltensbiologisch als auch orthopädisch in jedem Fall abzulehnen (sind).«

Auch wenn sich die individuelle Personenbindung, die von Gansloßer definiert wird als »Bestreben nach Aufrechterhaltung der Nähe zu einem spezifischen Partner, der nicht von einem anderen der gleichen sozialen Kategorie ohne weiteres ersetzt werden kann«, erst zu Beginn des Jugendalters, also ab ca. 5./6. Monat entwickelt, so verhelfen dem Welpen innige Kontakte mit dem Menschen vom ersten Lebenstag an zu verstärkter psychischer Stabilität, besserer Stressbewältigung und

Ein Welpe soll es sein!

einprägender Sozialisation. Dies beginnt bereits beim bemühten Züchter und wird vom Welpenkäufer aufbauend und intensivierend fortgesetzt.

Derartige Maßnahmen sind umso wichtiger, wenn man sich die Tragweite etwaiger Versäumnisse vor Augen führt: Mangelnde Vertrautheit mit Menschen und/oder Umweltreizen führt zu erlernter Hilflosigkeit. D.h., der Hund lernt, dass bestimmte Menschen für ihn nicht kalkulierbar sind, er bestimmten Situationen nicht gewachsen ist und scheitern wird. Letztlich wird er gar nichts mehr versuchen und tun und vor den Anforderungen des täglichen Lebens kapitulieren. Es macht ja schließlich der die wenigsten Fehler, der gar nichts tut!»Wenn das dann generalisiert wird und von einer einzigen Beziehung auf alle, oder zumindest viele Beziehungen mit Artgenossen übertragen wird, haben wir ein schwer beziehungsgestörtes Individuum vor uns, wie es beispielsweise auch Hunde bei permanenter Überforderung und permanenter Negativbestärkung in Dressur und Trainingsakten zeigen können.« (Gansloßer)

Einige sinnvolle Übungen zum Bindungsaufbau und zur Entwicklung von Vertrauen in den Menschen, die Umwelt und die eigenen Fähigkeiten werden in dem angesprochenen Buch »Was ein Welpe lernen muss« ausführlich und anschaulich wiedergegeben.

Lernen in der Hundeschule: Die Welpengruppe

Ebenfalls eingehend beschäftigen wir uns in unserem Welpenbuch mit dem Thema Welpengruppe. Ist der Besuch einer Hundeschule mit dem Welpen sinnvoll und anzuraten oder überflüssig und vielleicht sogar schädlich für den kleinen Racker?

»In der Welpenspielgruppe sollte nicht nur innerartliches Spiel angeboten werden, so wichtig dies zur Verfestigung der innerartlichen Kommunikation auch ist. Sinnvoll strukturierte Spielsequenzen zwischen Mensch und Hund sind gleichermaßen von Nutzen. Hier kommen zusätzliche Ablenkungsreize hinzu, die es für Hund UND Mensch zu bewältigen gilt.

In gut geführten Welpengruppen werden die Hundekinder auch behutsam und spielerisch mit verschiedensten Reizen konfrontiert, die im weitesten Sinne auf Umweltreize übertragbar sind. Flatternde Bänder

Ein Welpe soll es sein!

oder sich drehende Windräder können Welpen anfangs durchaus verunsichern. Besteht aber die Möglichkeit, sich diesen »Windgeistern« vorsichtig und erforschend zu nähern oder im ausgelassenen Rennspiel mit Artgenossen unbewusst zu passieren, so wird die Lernerfahrung »ungefährlich und unbedenklich« gemacht werden können. Ebenso verhält es sich mit verschiedenen Bodenuntergründen, z.B. ausgelegten Gittern, leicht wippenden Holzbohlen, rotierenden Bällen im »Bällchenbad« usw.

Wie »gut geführt« von »schlecht bis gefährlich gehandhabt« in Bezug auf Welpengruppenstunden vom Hundebesitzer unterschieden werden kann, ist nicht so leicht mit wenigen Worten zu beschreiben. Grundsätzlich sollten in einer Welpengruppe wirklich nur Welpen miteinander Kontakt haben. Ausnahme wäre die Anwesenheit eines gut sozialisier-

Ein Welpe soll es sein!

ten, welpengewohnten und welpenfreundlichen Althundes. Nichts zu suchen haben in Welpengruppen Junghunde von 6 - 12 Monaten! Auch sollte die Anzahl der teilnehmenden Hunde für einen Trainer überschaubar und händelbar sein. Zehn umeinanderwuselnde Hundekinder übersteigen selbst die Möglichkeiten eines noch so fähigen Trainers. Eine Welpengruppenstunde ist auch kein Kaffeeklatsch mit integriertem Hundefreilauf, sondern eine Stunde durch den Trainer kontrollierter Kontakt zu Artgenossen, durch den Trainer vermitteltes Basiswissen und durch den Trainer initiierte und gezielt durchgeführte Übungsabläufe und -einheiten mit Erläuterungen zum Warum und Wie. Dabei muss der Trainer sich hüten, aus Übervorsichtigkeit, Unsicherheit oder Ängstlichkeit zu früh in die Interaktionen der Welpen einzugreifen und alles maßregeln und unterbinden zu wollen, gleichzeitig sei aber auch dringend vor Trainern mit einer »laissez-faire«-Haltung gewarnt, die die Welpen alles unter sich ausmachen lassen und nicht erkennen, wo Welpen womöglich permanent getriezt und gemobbt werden. Wie so oft ist es der »goldene Mittelweg« und der Trainer mit nachweisbarer Kompetenz, der Ihnen den Besuch der Welpengruppe lohnenswert macht.

Es kann auch notwendig sein, Kleinhunde (Chihuahua, Malteser, Zwergpudel, Zwergspitze, Yorkies u.ä.) in separaten Welpengruppen zusammenzufassen und von großwüchsigen Welpen zu trennen. Die unterschiedlichen Massenverhältnisse lassen sonst keine normalen Interaktionen zwischen den Hunden zu, vielmehr reduzieren sich die Aktionen der Kleinhundewelpen auf reines Abwehrverhalten.

Ein wirkliches Spiel ist zwischen kleinwüchsigen und großwüchsigen Welpen meist nicht möglich. Doch gibt es auch hier die Ausnahmen, die die Regel bestätigen. Gerade Welpen der diversen Klein-Terrier-Rassen kommen in der Regel auch in gemischten Gruppen sehr gut zurecht und kompensieren ihre fehlende Masse mit Schnelligkeit, Wendigkeit, rauhbeinigem Draufgängertum und wüstem Rempeln. Dies eher derbe Spielverhalten würde anderen, sensiblen Kleinhunden leicht negative Erfahrungen bescheren, in der Runde von großen, kräftigen Welpen sind diese »Mini-Löwen« aber bestens aufgehoben!

Besuchen Sie ruhig verschiedene Anbieter und machen Sie sich ein persönliches Bild vom Ablauf einer solchen Welpengruppe. Da, wo Sie und Ihr Hund sich wohl fühlen, wo Ihre Fragen beantwortet werden,

Ein Welpe soll es sein!

wo Sie nützliche Tipps bekommen und der Trainer Ihnen gegenüber fachliche Kompetenz nicht nur behauptet, sondern auch nachweisen kann, da sind Sie gut aufgehoben! Bedenken Sie, Hundetrainer ist kein geschützter Beruf, in Deutschland darf sich (leider!) jeder so nennen und bezeichnen, dem es grad so in den Sinn kommt.« (Krivy/Lanzerath, 2009)

Bei der Suche nach einer qualitativ gut arbeitenden Hundeschule stehen Ihnen die Mitglieder der Pet-Group gern helfend zur Seite! Für weitere Informationen rund um die ersten Erziehungsschritte mit dem jungen, vierbeinigen Familienzuwachs lege ich Ihnen das Buch »Was ein Welpe lernen muss« von Petra Krivy und Angelika Lanzerath, erschienen 2009 im Müller-Rüschlikon-Verlag, ISBN 9-783275-016891, Euro 9,95, ans Herz!

Quellen:

Gansloßer, Udo (2007): *Verhaltensbiologie für Hundehalter.* Stuttgart: Kosmos

Krivy, Petra (2006): , Von Hundehändlern, Massenzüchtern, Vermehrern und sogenannten Hobbyzüchtern. *Das Deutsche Hundemagazin,* Ausgabe 01/06

Krivy, Petra; Lanzerath, Angelika (2009): *Was ein Welpe lernen muss.* Stuttgart: Müller Rüschlikon Verlag

Zimen, Erik (1988): , *Der Hund.* München: Bertelsmann Verlag

Integration eines Hundes in die Familie

Führung übernehmen, Grenzen setzen, Problemen vorbeugen

Gaby Kaiser

Stellen Sie sich vor, Ihr Hund kommt auf Ruf unter jeder Ablenkung zurück. Er geht an lockerer Leine ruhig an Artgenossen und Menschen vorbei, begrüßt gelassen Ihre Besucher, lässt sich problemlos vom Gartenzaun abkommandieren, akzeptiert freudig und bereitwillig Ihre Entscheidungen und zeigt sich im Haus wie unterwegs ansprechbar und ausgeglichen...

Das bedarf einer guten Bindung, des richtigen Trainings – und Führung! Ohne Führung werden Sie vermutlich nie den Begleiter haben, den Sie sich wünschen.

Jeder Hund braucht Führung – unabhängig von Rasse, Alter und Geschlecht. Führung meint hier jedoch nicht, den Hund an der Leine Gassi zu führen, ihn zum Spaziergang auszuführen oder unterwegs voran zu gehen. Ist im Folgenden von »Führung« die Rede, so meint dies stets Anführerschaft: einen mentalen Führungsanspruch des Menschen gegenüber seinem Hund in allen Situationen und Lebenslagen.

Das Zusammenleben mit einem Familienhund erfordert von seinem Halter weitaus mehr als Futtersäcke nach Hause zu schleppen, Gassi zu gehen, eine Hundeschule zu besuchen, ihn zu beschäftigen und ihm Streicheleinheiten zu geben. Es erfordert vom Besitzer Kompetenzen und Leistungen, die zuweilen ein Umdenken erfordern, Anstrengungen kosten und mit weit reichenden Verpflichtungen einhergehen. Und die sowohl für die Erziehung als auch für das Wohlergehen des Hundes von existenzieller Bedeutung sind.

Hundehalter sind in der Regel überzeugt davon, ihrem Hund ein »Anführer« zu sein. Die Wirklichkeit sieht oft anders aus. Wenn es

Integration eines Hundes in die Familie

darauf ankommt, gelingt es vielen Menschen in Alltagssituationen – trotz unermüdlichen Trainings und mehrjähriger Suche nach dem »roten Knopf« – nicht, ihren Hund dahingehend gezielt zu beeinflussen, sein Verhalten zugunsten ihrer Vorstellung zu ändern und ihrer Entscheidung zu folgen.

Despoten »führen« nicht!

Sind Sie berufstätig? Angestellt, selbstständig, Inhaber(in) einer Firma oder Manager(in) eines »kleinen Familienunternehmens«, sprich: Familie? Haben Sie einen Partner, Kinder, Eltern? Dann erleben Sie vermutlich tagtäglich Führung oder führen selbst.

Führung meint, auf das Verhalten eines anderen oder Mitglieder einer Gruppe einzuwirken, um gemeinsam bestimmte Ziele zu erreichen – zum Wohle aller. Wer führt, genießt die Anerkennung jener, die geführt werden und erhält damit Legitimation. Um zu führen, bedarf es Souveränität und sozialer Kompetenz – keines Despoten, der Macht missbraucht, allein zu seinem Vorteil agiert und andere fortwährend unterdrückt. Das schafft keinen sozialen Zusammenhalt, sondern bereitet Angst und Schrecken.

In Bezug auf Haushunde haben viele Hundehalter aber gar keine rechte Vorstellung, was »Führung« meint. Für die meisten ist der Begriff negativ belegt mit einer allgegenwärtigen Forderung nach Kadavergehorsam. Leider gibt es noch immer Hundetrainer nach »alten«, rein autoritären Methoden, die Führung propagieren in Form von anhaltender Unterdrückung, Härte und Gewalt. Als Gegenpart haben sich in den letzten Jahren zunehmend Hundeschulen mit ausschließlich antiautoritären Philosophien verbreitet. Ist *zumindest* ersteres oft schon als tierschutzrelevant zu bezeichnen, so geht doch beides am Wesen des Hundes vorbei. Während die einen also noch mit der Definition und dem richtigen »Maß an Führung« ringen, mögen andere – aufgrund einer rein »partnerschaftlichen« Einstellung oder einfach aus Bequemlichkeit – gegenüber ihrem Vierbeiner gar nicht erst einen Führungsanspruch erheben.

Die meisten Menschen halten Hunde, weil sie den unkomplizierten Kontakt zu einem Tier möchten. Hat man den Arbeitsalltag endlich hinter sich und auch in der Familie und Partnerschaft alle Alltags- und

Integration eines Hundes in die Familie

Beziehungsfragen geklärt, steht Entspannen und Abschalten auf dem Programm. Jetzt auch noch gegenüber dem Hund Führung zeigen?! Zur Erziehung ist auf dem Hundeplatz noch Zeit.

Ein gewisser Egoismus, im engen Zusammenleben auch mal eigene Ansprüche an den Vierbeiner zu stellen, scheint zudem manchem Hundehalter fremd. Zu sehr stehen Bemühungen im Vordergrund, es dem Hund stets recht zu machen. Dazu tragen sicher auch die genannten Strömungen im Hundewesen bei, die eine absolut liberale Haltung gegenüber dem Hund propagieren - ohne Einschränkungen und Begrenzung, für ein möglichst »stressfreies« Dasein. Zum Leidwesen der Hunde. Denn nicht nur die Halter, sondern vor allem die Hunde tragen die Folgen.

Lassen Sie Ihren Hund nicht im Stich!

- Wer führt, genießt das Vertrauen und den Respekt seines Hundes.

- Wer führt, besitzt eine »natürliche« Autorität gegenüber seinem Hund, begründet auf Wissen, Souveränität und Lebenserfahrung.

- Wer führt, verfügt über Vorrechte, die vom Hund bereitwillig akzeptiert werden.

- Wer führt, ist Entscheidungsträger gegenüber seinem Hund in allen Lebenslagen – und macht davon, bei Bedarf und nur sofern es notwendig erscheint, Gebrauch.

Es reicht nicht, sich zum Chef zu erklären und zu erwarten, dass der Hund den Anspruch anerkennt und Einschränkungen seines eigenen Handlungsspielraums widerstandslos in Kauf nimmt. Wer Führung anstrebt, muss sich beweisen. Soll der Hund die grundsätzliche Entscheidungsfreiheit des Menschen ihm gegenüber akzeptieren (auch wenn sie gerade eigenen Interessen zuwider läuft, wie etwa beim Abrufen aus dem Spiel mit Artgenossen), muss der Mensch weit reichende Gegenleistungen erbringen. Denn die Beziehung zu seinem Menschen und der Verzicht auf Freiheiten müssen sich für den Hund lohnen.

So erwartet Ihr Hund von Ihnen, dass Sie Verantwortung für ihn übernehmen und sich in Konfliktsituationen vor ihn stellen, auch wenn

Integration eines Hundes in die Familie

Sie selbst die Situation vielleicht für völlig harmlos halten. Ihr Hund hat ein Anrecht darauf, dass Sie seine Interessen wahrnehmen und ihm Sicherheit geben. Für Sie als Halter bedeutet das, sich Wissen um das Ausdrucksverhalten von Hunden, um Körpersprache und Kommunikation, anzueignen, und zu erkennen, was für Ihren Hund eine Problemsituation darstellt. Es obliegt Ihnen, diese souverän und in seinem Sinne zu lösen, anstatt ihn damit allein zu lassen. Letzteres etwa ist oftmals zu beobachten bei Hundehaltern, die um die Ängste ihres Vierbeiners gegenüber Menschen zwar sehr wohl wissen, ihn aber trotz sichtlichen Unbehagens den Aufdringlichkeiten Fremder (»gut Zureden«, Versuch des Anfassens etc.) immer wieder tatenlos ausliefern.

Auch das Abwehren freilaufender Artgenossen, sollten diese dem Schutzbefohlenem bedrohlich erscheinen oder ihn bedrängen, ist allein Aufgabe und Pflicht des Halters. Nicht, dass man unsicheren Hunden im Umgang mit Artgenossen die Möglichkeit nehmen sollte, sich weiterzuentwickeln. Doch dazu bedarf es gezielter Steuerung und Begegnungen mit ausgewählten Vierbeinern, nicht unerwünschter Überfallkommandos.

Doch oft ist die Begegnung mit fremden Hunden für Hundebesitzer selbst eine gruselige Situation. Und Hilflosigkeit oder Angst sind nicht gerade Kennzeichen von Souveränität und Führung. In dem Fall müssen Sie zunächst an sich arbeiten, anstatt Ihren Schützling flugs abzuleinen, »damit er sich besser wehren kann« oder die »das unter sich ausmachen können«.

Sie lassen Ihren Hund im Stich

Bitte betüddeln oder behüten Sie ihn aber auch nicht über Maßen. Ängstliche Hundehalter neigen dazu, überall Gefahren zu sehen und ihren Hund immerzu vor Unbill bewahren zu wollen. Hunde brauchen Freiraum und haben ein Recht darauf, eigene Erfahrungen zu machen. Selbstverständlich sollten diese nicht zu Verletzungen oder Schäden führen. Doch ein gewisses Maß an Stress gehört zum Lernen und zur Entwicklung Ihres Hundes dazu.

Abgesehen davon wirken Sie aus Sicht des Hundes nicht allzu souverän, wenn Sie ständig besorgt hinter ihm herscharwenzeln. Ihr Hund ahnt schließlich nicht, in welch potenziellen Gefahren Herrchen oder

Integration eines Hundes in die Familie

Frauchen ihn dann wähnt. Stattdessen erwartet er dort Beistand, wo es aus seiner Sicht brenzlig werden könnte. Interessanterweise aber fehlt oft gerade besonders besorgten Hundehaltern das notwendige Einfühlungsvermögen in die Nöte ihres Hundes in jenen Situationen, die ein Eingreifen des Menschen tatsächlich erforderlich machen.

Eine unbekannte Situation oder Umgebung, Begegnungen mit Artgenossen, aber auch mit Fremden verunsichern die meisten Hunde. Ich erlebe immer wieder Hundehalter, die das entweder nicht erkennen oder aber der Ansicht sind, ihr Vierbeiner werde schon selbst merken, dass das Gegenüber harmlos ist. Anstatt sich vor den Hund zu stellen und ihm Sicherheit zu vermitteln, wird der sich selbst überlassen. Nicht selten wird dann (Selbstschutz-) Aggression zur erfolgreichen Strategie. Bei seinem Menschen findet dieser Hund jedenfalls keine Orientierung.

Viele Hundebesitzer vertiefen sich auf Spaziergängen viel lieber mit Anderen ins Gespräch, anstatt den Horizont vorausschauend nach unliebsamen Überraschungen – für Hund und Mensch – zu »scannen« und frühzeitig einen Plan zu haben. Denn als Anführer brauchen Sie immer einen Plan!

Der Verzicht des Hundes auf uneingeschränkte Freiheit bedeutet Rechte und Pflichten, für beide Seiten. Sein Schutz und die Vertretung seiner Interessen sind nur eine von vielen Aufgaben, die Sie innehaben, wenn Sie gegenüber Ihrem Hund Anspruch auf Führung erheben.

Für so manchen Hundehalter stellt das eine hohe Anforderung dar. Doch stellt er sich dieser nicht, zahlt der Hund den Preis.

Ich bin dein Anwalt – und bester Freund!

Eine harmonische und intakte Rangbeziehung zwischen Mensch und Hund ist im Idealfall geprägt von Fürsorge, Bindung und Vertrautheit, einer inneren Verbundenheit und Zuneigung. Sie ist gewachsen und wird bestätigt durch Initiativen des Menschen zu gemeinsamen Aktivitäten und Abenteuern im Alltag. Erfolgserlebnisse und das Bewältigen von Aufgaben fördern den sozialen Zusammenhalt, dienen der Anerkennung und Förderung des hundlichen Selbstwertgefühls und seiner Identität. Sie beinhaltet regelmäßiges gemeinsames Spiel und Interaktionen; so erfährt der Hund seine Grenzen, erlernt die sozialen Spielregeln als Grundlage des Zusammenlebens und Umgangs mit seinem Menschen,

Integration eines Hundes in die Familie

und lernt ihn und seine Reaktionen verlässlich einzuschätzen. Sie basiert insgesamt auf uneingeschränkte Zuverlässigkeit und Berechenbarkeit. Sie erfordert vom Menschen die Übernahme von Schutz und Verteidigung – für Sicherheit und Geborgenheit – sowie das Vertreten der hundlichen Interessen.

Als Hundehalter müssen Sie nicht nur der beste Freund, sondern auch der beste Anwalt Ihres Hundes werden. Darum müssen Sie sich verdient machen und sich beweisen. Doch Führung erfordert vom Menschen auch *Führungsqualitäten*:

- Souveränität und ein selbstbewusstes Auftreten

- Vertrauen in die eigenen Stärken und Fähigkeiten

- Ruhe und Gelassenheit, auch in kritischen Situationen

- (Lebens-)Erfahrung

- ein gewisses Maß an innerer (emotionaler) Stabilität und Verlässlichkeit

- die Fähigkeit, für Harmonie zu sorgen und sich nach einem Konflikt auch wieder zu versöhnen – statt nachtragend zu sein

Aber während viele Mensch-Hund-Beziehungen geprägt sind von tiefer Zuneigung, manche bis hin zur aufopferungsvollen Hingabe, fehlt es vielen Haltern am Anspruch auf Führung. Andere, oft eher unsichere Menschen, erwarten, dass ihr Hund *sie* stabilisiert und im Alltag schützt. Sie übersehen, dass das Gros unserer Hunde den Anforderungen, die das Leben in einer modernen Industriegesellschaft an sie stellt, gar nicht gewachsen ist.

Wieder andere haben wiederholt Hilflosigkeit erlebt und in bestimmten Situationen die Kontrolle über ihren Vierbeiner und damit die Souveränität und das Vertrauen in ihre eigenen Fähigkeiten verloren, die sie für ihre Führungsrolle dringend brauchen.

Denn Hunde lieben Menschen mit Souveränität, mentaler Stärke und klarem Führungsanspruch. Sie wollen Schutz und Geborgenheit. Und erwarten von ihrem Menschen einen klaren Handlungsrahmen, feste Grenzen und Strukturen und eine eindeutige Kommunikation. Kurz:

Integration eines Hundes in die Familie

Persönlichkeiten mit sozialen Fähigkeiten, einem hohen Status und dem Willen zum Führen.
Hunde wollen geführt werden. Und Sie als Halter müssen führen.
Und gegebenenfalls müssen Sie es lernen.

Du gehörst dazu!

Kommt ein Hund ins Haus, sollte von Anfang an feststehen, welche Regeln für ihn gelten sollen. Hierbei müssen alle an einem Strang ziehen, Lebenspartner, Eltern, Kinder. Klare Regeln schaffen eindeutige Strukturen und dienen dem Hund zur Orientierung.

Auch für uns Menschen gelten Strukturen, ob in der Familie, der Firma, im Freundeskreis oder Verein. Erst Strukturen machen aus einer losen Gruppe eine soziale Gemeinschaft und den Einzelnen »zugehörig«.

Eine Kundin erzählte mir mal folgendes: In der Zeit ihrer Pubertät sagte die entnervte Mutter eines Abends in einer der vielen Auseinandersetzungen zu ihr: »Es ist mir ab sofort egal, was du machst. Du kannst kommen und gehen und tun und lassen, was du willst. Ich kümmere mich nicht mehr darum!« Das, so die Kundin, sei das Schlimmste, was ihre Mutter hätte sagen können. Sie habe nächtelang geweint und sich gefühlt, wie ausgestoßen – als gehöre sie nicht mehr zur Familie dazu.

Auch Hunde als hochsoziale Lebewesen erwarten geradezu die Einordnung in feste Strukturen und damit die Einfügung in eine soziale Gruppe – durch das Etablieren von Regeln und Setzen von Grenzen. Die Eingliederung in klare Strukturen gibt dem Hund seinen individuellen Handlungsrahmen im Zusammenleben mit dem Menschen vor, mit Freiheiten und Einschränkungen, Rechten und Pflichten für beide Seiten.

Klar geregelte Rangbeziehungen schaffen Struktur, geben Orientierung und vermitteln Sicherheit. Fehlen sie, entsteht ein Vakuum, das nervös und unsicher, zuweilen gar Angst macht.

Der Preis für Schutz und Geborgenheit

Das Wolfsrudel ist ein Familienverband, mit Strukturen für ein harmonisches Miteinander, wie in jeder Familie. Der Weise und Erfahrene

Integration eines Hundes in die Familie

führt, und das kann in Bezug auf unsere Haushunde nur der Mensch sein! Wolfseltern bürgen für die Unversehrtheit, die Versorgung, den Schutz und die Sicherheit ihres Nachwuchses, kurz: für sein körperliches und seelisches Wohlergehen. Wie Eltern gegenüber ihren Kindern auch.

War es nicht angenehm, sich im Regelfall als Kind nicht um Miete, Heizung und Strom, Versicherungen und Einkommen kümmern zu müssen? Von derlei Anforderungen unbelastet aufzuwachsen und zu wissen, dass die Eltern für alles sorgen? Dass jemand da ist, der alles regelt und zu einem steht, wenn man mal »Mist« gebaut, sich ausprobiert und dabei Fehler oder schlechte Erfahrungen gemacht hat? Dafür war im Gegenzug die Einhaltung gemeinsamer Spielregeln und der elterlichen Vorgaben gefordert – als Preis für die Geborgenheit.

Ich habe mal eine Reportage über Familien mit alkoholkranken Eltern gesehen: über den Alltag und die psychische Belastung viel zu früh erwachsen gewordener Kinder, die sich um abgestellten Strom und Telefon kümmern mussten, weil Rechnungen nicht bezahlt wurden, um Wäsche, Essen und die Versorgung der Geschwister, weil Vater oder Mutter mal wieder »ausgefallen« waren. Pflichten eines Erwachsenen, die Kinder überfordern, die verunsichern, Angst und krank machen.

Wolfseltern besitzen gegenüber ihrem Nachwuchs eine natürliche Autorität – sie sind Entscheidungsträger auf Basis ihrer Lebenserfahrung, Souveränität und sozialer Kompetenz. Sie setzen Grenzen zur Festlegung von Freiheiten und Handlungsspielräumen und sorgen so für Stabilität. Dafür genießen sie von ihrem Nachwuchs Anerkennung und Respekt.

Auch das Großziehen von Kindern verlangt neben Freiräumen klare Strukturen und Grenzen, das Bestehen auf deren Einhaltung und den Willen zur Durchsetzung. Kinder brauchen feste Vorgaben, im Gegenzug erfahren sie Sicherheit. Das scheint nicht fragwürdig, sondern ist gesellschaftlich definiert als elterliche Pflicht. Für die Haltung gegenüber Hunden gilt das leider nicht immer gleichermaßen als selbstverständlich.

Ihr Haushund sollte von Anfang an lernen und erfahren, dass sein Mensch Spielregeln vorgibt. Die Steuerung des Zusammenlebens im Alltag ist Ihre Domäne. Ihre Vorgaben bestimmen den Freiraum, in dem der Hund sich bewegt. Ihre Strukturen geben dem Hund Klarheit, verschaffen ihm Rechte und definieren seine Position in der Familie. »Die hundliche Bereitschaft ist vorhanden – an der menschlichen hapert

Integration eines Hundes in die Familie

es oft, da nicht verstanden wird, dass es um Kommunikationslernen, um das Etablieren von Beziehungen, von Bindungen geht, dass den Hunden Grenzen zu setzen sind, um ihnen ihre sozialen Möglichkeiten von voneherein zu kommunizieren. Schließlich sind Hunde mehr oder weniger ausgeprägt »statusbewusst«. Sie erwarten die Einfügung in eine soziale Gruppe. Diese Prozesse sind als Fundament sozialer Sicherheit für das soziale Lebewesen Hund anzusehen. Von diesem Fundament aus kann es sich dann flexibel und angstfrei entwickeln.« (Feddersen-Petersen 2004, S. 242)

Fehlende Strukturen machen Angst

Hunde brauchen die Einordnung in klar definierte Strukturen und Vorgaben, um sich orientieren zu können, als Fundament für soziale Sicherheit, Entspannung und psychische Stabilität.

Signalisiert der Hundehalter keinerlei Führungsanspruch und damit die Übernahme von Verantwortung, bleibt das in der Regel nicht ohne Folgen. Ich erlebe tagtäglich Haushunde in unklaren Rangbeziehungen und zuweilen auch in einem völligen Vakuum »grenzenloser Freiheit«. Das führt bei vielen Hunden zu emotionaler Instabilität, genereller Angst, starker Verunsicherung durch Überforderung, weil sie im Glauben, alles selbst regeln zu müssen, sich den Anforderungen nicht gewachsen sehen, und zum Gefühl von Schutzlosigkeit, einem oft permanent hohen Erregungszustand bis hin zu »Hyperaktivität« und Dauerstress (Hunde, die nicht zur Ruhe kommen, nicht entspannen können, unentwegt auf den Beinen sind, unter Konzentrationsstörungen leiden, selbst auf kleinste Reize reagieren), oft verbunden mit Unsicherheit und Aggression, weil sie schon Alltagssituationen nicht bewältigen können. Ohne die mentale Unterstützung und die Führung durch ihren Menschen sind Hunde in unserer Umwelt im Allgemeinen überfordert.

Hunde lieben Status und erwarten eine klare Positionierung innerhalb ihrer sozialen Gruppe – unter der Leitung selbstbewusster, souveräner Menschen mit unmissverständlichen Vorgaben und eindeutiger Kommunikation.

Integration eines Hundes in die Familie

Führung – von Anfang an!

Erziehung findet nicht nur auf dem Hundeplatz statt oder wann immer Sie sich gerade Zeit dafür nehmen, sondern immer – und damit meist dort, wo Sie als Hundebesitzer viel Zeit mit Ihrem Hund verbringen: zuhause, vom ersten Tag an.

Gerade als Welpenbesitzer müssen Sie lernen, Ihrem Hund gegenüber von Anfang Spielregeln aufzustellen. So definieren Sie nicht nur seine Position innerhalb seiner neuen Gemeinschaft und Ihren Anspruch auf Führung, sondern bestimmen auch den (künftigen) Handlungsspiel- und Freiraum Ihres Hundes.

Dazu gehört, neben dem Aufbau von Bindung und Vertrautheit, das Bestehen auf Einhaltung der Spielregeln und ihre Durchsetzung. Für manchen Welpenbesitzer ein echtes Problem. Welpen sind meist hemmungslos und wenig gewillt, Grenzen widerspruchslos hinzunehmen und einzuhalten. Der leidgeprüfte Welpenbesitzer muss seinen Anspruch auf Anführerschaft schon klar und entschlossen – auch nonverbal – kommunizieren.

Von Wolfs- und Hundeeltern erfahren Welpen sehr häufig auch mal ein so genanntes »Abbruchsignal«: eine kurze und unmittelbare, auf die Situation abgestimmte Verhaltenskorrektur mittels Drohen oder unmittelbarem körperlichem Einsatz, die dem übergriffigen Jungspund seine Grenzen zeigt, nicht strafend, sondern ohne Emotion und keinesfalls zu verwechseln mit dem Ausleben von Aggression und Gewalt, denn Wolfs- und Hundeeltern sind keineswegs machtbesessene Despoten mit angestauten Aggressionen, die ihre Position mit Gewalt sichern müssen, sondern Leitbilder mit ausgeprägten sozialen Fähigkeiten. Ihr Nachwuchs muss einfach lernen, wann er zu weit geht, was für ihn und die Gemeinschaft von Vorteil ist und was nicht, und wie die Regeln für ein harmonisches Miteinander lauten.

Der Welpe lotet mit allen Mitteln seine Grenzen und Möglichkeiten aus. Doch viele Hundehalter tun sich schwer, im Clinch mit Ihrem Welpen und Junghund selbst mal »Körpereinsatz« zu zeigen und ihm bei Attacken seine Schranken zu weisen. Die einen sehen zwecks »freier Entfaltung« keine Notwendigkeit, die anderen sind heillos überfordert oder gehen Konflikten lieber aus dem Weg. Zappelt, beißt und kratzt der Kleine, wird ihm eilfertig nachgegeben, statt ihm standzuhalten und

Integration eines Hundes in die Familie

sich gegen ihn mal durchzusetzen. So werden von Anfang an wichtige Chancen vertan, sich die Achtung und Anerkennung des Vierbeiners zu erarbeiten. Stattdessen wird vom Welpenalter an zu mangelnder Folgsamkeit erzogen – und im schlimmsten Fall zum Tyrannen.

In der Praxis werden Abbruchsignale unter Hunden (oder auch zwischen Trainer und Hund), wie ein Griff über den Fang, Stups in den Nacken, kurzes Zurückdrängen oder Weg abschneiden, von Hundebesitzern nur sehr selten überhaupt wahrgenommen. Doch erst mal thematisiert, werden sie oftmals nur allzu gern missverstanden als »Strafe« und gleichgesetzt mit Emotionen und Gewalt. Doch gerade Emotionen haben hier nichts zu suchen: Sie schaffen Unsicherheit und Angst. Eine Verhaltenskorrektur aber – ruhig, unmittelbar und nicht aggressiv – erzeugt Respekt.

So bevorzugen viele Welpenbesitzer lieber Nachgeben statt Begrenzen und leisten damit einer zuweilen zügellosen Entwicklung ihres Hundes Vorschub: »Junge Hunde, genau wie alle anderen sozial organisierten Lebewesen, erlernen die Spielregeln des Zusammenlebens von ihren Eltern und anderen Mitgliedern der Gruppe. Diese Zeit des Lernens ist die wichtigste Zeit im Leben eines jungen Hundes, da er hier erfährt, was für sein Leben in der Gruppe wichtig ist. Wenn ein Welpe von seiner Mutter getrennt wird, ist er darauf angewiesen, von seinem Menschen die wichtigsten Dinge des Zusammenlebens zu erkennen. Scheinbar sind damit leider viele Menschen überfordert, haben keine Zeit dafür oder beschränken ihre Erziehungsmaßnahmen auf das Beibringen von Sitz, Platz und Fuß, vergessen aber die wichtigsten sozialen Elemente.« (Adam Miklósi 2009)

Dementsprechend sind Welpenbesitzer in ihren Bemühungen um einen »gut erzogenen Hund« bei Sitz und Platz oft kaum zu bremsen, während Versuche, sie von der Bedeutung klarer Anweisungen für das Zusammenleben zu überzeugen, ins Leere laufen. Der Welpe sei »ja noch so klein« und müsse »sich doch mal erst eingewöhnen«. Und während in der Folgezeit so mancher vergeblich den »roten Knopf« bei seinem Hund sucht, hat der ihn oft schon als Welpe bei seinem Menschen gefunden. »Unerfahrene Tierbesitzer verschieben deshalb die Erziehung oftmals auf einen späteren Zeitpunkt, ›weil der Welpe noch so klein sei‹. Das ist sicherlich falsch. So lernt der heranwachsende Hund, dass und wie Menschen zu lenken sind«, schreibt die Ethologin

Integration eines Hundes in die Familie

Dorit Feddersen-Petersen in ihrem Buch *Hundepsychologie*. Und weiter: »So manch ein bissiger Hund wurde als Welpe ›antiautoritär‹ erzogen.« (Feddersen 2004, S. 262)

Infolge dessen genießen vor allem Welpen und Junghunde alle Freiheiten, so lange ihre Besitzer keine Probleme erkennen. Zügelloses Verhalten wird dem juvenilen Alter des Hundes zugeschrieben, verbunden mit der Hoffnung, der werde mit dem Erwachsenwerden »schon von allein ruhiger«. In der Pubertät machen bereits manchem Hundehalter die Versäumnisse zu schaffen – eine Zeit, in der oft professionelle Hilfe gesucht oder die Abgabe des Flegels erwogen wird.

Ein Zusammenhang zwischen dem Verhalten des Hundes und mangelnden Strukturen und Grenzen offenbart sich den meisten Besitzern aber erst, wenn der Hund sich ihnen gegenüber »dominant« und aggressiv verhält. Die weitaus häufigeren Symptome wie Unsicherheit (oft verbunden mit Selbstschutzaggression), generelle Angst, chronische Unruhe, mangelnde Stressbewältigung und permanente Überforderung werden nur selten damit in Zusammenhang gebracht.

Von Welpenbesitzern wird der Zeitpunkt, Grenzen zu setzen und Durchsetzungsfähigkeit zu demonstrieren, oft verpasst. Andere verkennen ihre Bedeutung im Hinblick auf Achtung und den Respekt des Hundes. Zur Erziehung eines Welpen und Junghundes gehört das Definieren eines klaren Spielraums – von Anfang an.

Die Sache mit der Dominanz

Dominanz bedeutet das erfolgreiche, nicht aggressive Durchsetzen von Interessen und das sich Unterordnen des Anderen in einer Zweierbeziehung.

Dominanz, also die Überlegenheit gegenüber einem anderen, muss in jeder Beziehung individuell »erarbeitet« werden. Ob sich Hund oder Mensch »dominant« verhalten können, wird getestet und ist abhängig von der Reaktion des Gegenübers. Denn »dominant« kann man sich einem anderen gegenüber nur zeigen, wenn dieser das freiwillig akzeptiert. Setzen Sie sich in einer bestimmten Situation gegen Ihren Partner durch, weil er das akzeptiert, sind Sie gegenüber Ihrem Partner in dieser Situation dominant. Das heißt aber lange nicht, dass Sie

Integration eines Hundes in die Familie

deshalb automatisch auch Ihrem Freund oder Chef gegenüber dominant sind!

Dominanz ist keine angeborene Eigenschaft. Es gibt demzufolge auch keine »dominant« geborenen Hunde(rassen), oft als »Alpha« tituliert. Allerdings ist das Bestreben, sich einem anderen gegenüber dominant zu zeigen, unterschiedlich ausgeprägt. Doch es ist stets abhängig davon, wie wichtig einem Hund die jeweilige Situation oder Ressource gerade ist.

Wenn Sie ordentlich Kohldampf schieben, werden Sie sich gegenüber Ihrem Partner als Mitbewerber um die letzte Bratwurst sicher weitaus »kämpferischer« und durchsetzungsfähiger geben als wenn Sie satt sind. Lieben Sie aber Bratwurst über alles, sind Sie wahrscheinlich selbst dann wenig kulant, wenn Sie nicht unbedingt hungrig sind. Sind Sie Vegetarier, verzichten Sie vermutlich selbst auf den allerletzten Wurstzipfel »großmütig« zugunsten des anderen. Die *Wertigkeit* einer Sache bestimmt, mit wie viel Entschlossenheit sich ein Individuum einem anderen gegenüber durchsetzt oder nicht.

Dass ein Hund gegenüber einem Artgenossen oder Menschen ständig bestrebt ist, jederzeit und dauerhaft alle Vorrechte für sich einzufordern, ist sehr selten, doch es kommt vor. Aber solche Hunde sind weitaus weniger häufig anzutreffen als jene, die sich nur gelegentlich und je nach Situation durchsetzen wollen.

Anders sollte es sein zwischen Mensch und Hund. Der Mensch sollte gegenüber seinem Hund alle Vorrechte innehaben. Das verschafft ihm grundlegende Entscheidungsfreiheit und einen höheren Status. Allerdings gilt dies nur für Situationen, in denen es für den Hund aus verhaltensbiologischer Sicht auch Sinn macht. Das Wegnehmen von Futter beispielsweise, welches der Hund bereits in seinem Besitz hat, gehört nicht dazu. Dies signalisiert nicht die höhere Rangposition, sondern gilt laut Udo Gansloßer unter Kaniden als klarer Verstoß. Daneben aber kann Futter oder eine gute Fressposition ebenso als Vorrecht gelten wie der Besitz von Objekten, ein Fortpflanzungspartner, Liegeplätze, Territorien oder die Nähe zum Sozialpartner.

Für den Menschen bedeutet das aber nun keineswegs, dass er argwöhnisch alle Ressourcen kontrollieren und auf seinen Vorrechten permanent beharren muss – aus Angst vor Statusverlust. Als souveräner Anführer hat er dies im Alltag keineswegs nötig. Weitaus wichtiger ist, ob er im

Integration eines Hundes in die Familie

Bedarfsfall den Ton angeben, seine Rechte und Freiheiten als Entscheidungsträger einfordern kann und der Hund das bereitwillig akzeptiert. Denn der Mensch sollte, so es notwenig erscheint, das Verhalten seines Hundes jederzeit und in jeder Situation steuern und kontrollieren können. Dafür muss er alle Freiheiten besitzen, und er muss grundsätzlich die Bereitschaft und den Willen dazu haben, sich seinem Hund gegenüber auch durchzusetzen. Er muss sich des Öfteren als »dominant« beweisen und damit dem Hund gegenüber seinen Führungsanspruch auch eindeutig kommunizieren.

Udo Gansloßer beschreibt das folgendermaßen: »Der Mensch möchte – und sollte, damit das gesellschaftsverträglich bleibt – bestimmen können, wo und was in diesem Team wie geschieht. Das sind echte Dominanzaufgaben. Die Situation in einem gut funktionierenden Mensch-Hund-Team ist also tatsächlich durch Dominanz des Menschen über den Hund – aber eben nicht durch blinden Kadavergehorsam – beschreibbar.«

Können Sie sich jederzeit gegenüber Ihrem Hund durchsetzen, verfügen Sie über eine weitreichende Entscheidungsfreiheit, von der Sie als souveräner und sozial kompetenter Anführer gelegentlich Gebrauch machen – wenn es Ihnen wichtig erscheint.

Ohne Führung keine erfolgreiche Erziehung!

Die Kundin war mit ihrem Latein am Ende. Vom Welpenalter an war sie mit ihrem Australian Shepherd-Rüden in Hundeschulen. Jetzt kam sie mit dem inzwischen 3-jährigen Sammy zu mir.

Ich kannte die beiden von früheren Spaziergängen: Frauchen als ruhige und besonnene Person, den Rüden als souveränen, sozial verträglichen Hund. Beim Treff im Hundeauslaufgebiet ging Sammy nur zeitweise an lockerer Leine, zog – allem Training zum Trotz – gerne mal nach rechts und links und brauchte ständig Korrekturen.

Dann tauchte in der Ferne ein Artgenosse auf. Nun hatte der Rüde keinen Blick mehr für seine Halterin. Sie schien nicht mehr existent, jeder Rest von Leinenführigkeit vergessen: Sammy zerrte und bellte wie ein Verrückter und war für sie einfach nicht mehr »erreichbar« – bis der Artgenosse außer Sicht war.

Integration eines Hundes in die Familie

Auch im Freilauf wuchsen dem sonst recht folgsamen Rüden regelmäßig Karotten im Ohr. Rückruf vergebens, Training blieb bislang ohne Erfolg.

Zuhause bei der Kundin und ihrem Mann war der Rüde unauffällig, lief allenfalls beim (seltenen) Klingeln zur Tür und bellte kurz. Für das Ehepaar gab es bis dato keinerlei Anlass für Veränderungen.

Dennoch vereinbarten wir gemeinsam folgendes:

- Sammy sollte beim Klingeln an der Haustür seine Decke aufsuchen.
- Sammy musste während des Essens auf seinem Platz liegen.
- Sammy durfte beim Kochen nicht in die Küche – den offenen Durchgang markierten wir mit Klebeband.

Das war alles.

Drei Wochen später traf ich Sammys Halterin zufällig beim Einkauf. Ihr Bericht ließ mich noch staunen: Sie erzählte, Sammy habe sich auffallend verändert. Zuhause schlief er mehr und war ansonsten nach wie vor sehr ruhig. Draußen aber war alles anders: Sammy lief tadellos an lockerer Leine und hatte oftmals nur Augen für sein Frauchen. Bei Hundebegegnungen sah er sie fragend an und befolgte Kommandos bereitwillig. Im Freilauf reagierte er auf Rückruf und ließ sich selbst vom heiß geliebten Komposthaufen abrufen. Die Kundin konnte den Wandel kaum fassen.

Wir haben darüber hinaus nichts weiter mit Sammy trainiert. Aus den regelmäßigen Berichten des Ehepaars und von gemeinsamen Bekannten weiß ich, dass sich bis zu seinem plötzlichen Tod einige Jahre später an seiner positiven Entwicklung nichts geändert hat. Sammy akzeptierte bis zuletzt die Führungsrolle seiner Menschen.

Die 2-jährige Vizsla-Hündin Sheila, die im Freilauf Zwei- wie Vierbeiner mittels Scheinattacken in Angst und Schrecken versetzte, zuhause Besucher in Schach und mit ihrer Unruhe die Besitzer auf Trab hielt, lag nach zwei Wochen selbst bei Besuch im Tiefschlaf. Auch draußen ist Sheila inzwischen so weit entspannt, dass Nachbarn sich wundern.

Dafür musste Sheila bei Besuch konsequent auf ihren Platz; zudem wurde ihr dort mehrmals täglich Entspannung »verordnet«.

Mit Sheilas erster Veränderung als Basis konnte das Training beginnen. Denn: Ohne weiteres Training geht es in der Regel nicht. Jetzt

Integration eines Hundes in die Familie

heißt es für die bis dato hilflose Hundebesitzerin zu lernen, sich mit ihrer neu gewonnenen Souveränität auf ihre Pflichten als Anführerin zu konzentrieren. Und ihrer unsicheren Hündin künftig in Konfliktsituationen Schutz zu geben, anstatt sie allein zu lassen.

Nur zwei Beispiele, die zeigen, wie wichtig Führung ist. Für das Wohlbefinden des Hundes ebenso wie als Basis für eine erfolgreiche Erziehung. Nicht immer vollzieht sich eine Veränderung derart schnell und ohne zusätzliches Training wie im Fall von Sammy. Hier war dank des vorausgegangenen jahrelangen Trainings und der Souveränität seines Frauchens eine optimale Voraussetzung gegeben.

Der Erfolg jeder Erziehungsbemühung des Menschen ist in hohem Maße abhängig von seiner Führung. Ohne eine Führung, die der Hund bereitwillig akzeptiert, ist Hundeerziehung selbst bei jahrelangem Training nur selten erfolgreich und oft auch gar nicht möglich.

Führung und Regeln

Viele Hundehalter leben im Glauben, das Ruder fest in der Hand zu haben, weil sie ja jederzeit könnten: Sie könnten dem Hund theoretisch sagen, beim Kochen nicht ständig im Weg zu liegen, nicht immer vor der Haustür in Position zu gehen, Besucher nicht zu bedrängen, beim Essen nicht ausdauernd am Tisch zu betteln ... wenn sie denn wollten. Leider wollen viele Halter nie. Denn solange der Hund »keine echten Probleme macht« (und ihnen dann jedwede Steuerung, sprich: Entscheidungsfreiheit, dann in der Regel sowieso schon entglitten ist), sehen die wenigsten einen Grund, es auch mal zu tun. Also: kein Problem, kein Handlungsbedarf. Folglich: keine Regeln. Weil: »Der tut ja nichts!« oder »Das macht er doch so gern«.

Die alte Dame wurde auf der Couch mehrmals von ihrem Dackel gebissen. Als ich die Kundin, deren Arme und Hände noch in Verbänden stecken, frage, warum der Hund dann erneut knurrend neben ihr auf der Couch sitzt, sagt sie lächelnd: »Wissen Sie, der stört mich nicht«. Aber man müsse an seinem Stress arbeiten, denn: »Der hat ein Problem«. Er hat in der Tat ein Problem, eins mit seinem Frauchen, weil die seine Regeln nicht befolgt.

Manche Menschen stellen praktisch selten oder nie Ansprüche an ihren Vierbeiner oder erst dann, wenn sie etwas ganz massiv stört.

Integration eines Hundes in die Familie

Wobei zum einen die Leidensfähigkeit von Hundehaltern oft fast an Masochismus grenzt. Zum anderen das hundliche Verhalten dann schon aus dem Ruder gelaufen ist. Leider sehen viele Hundebesitzer auch keinen Zusammenhang zwischen zügellosem Benehmen, ständiger Unruhe, Unsicherheit und mangelhaft kommuniziertem Führungsanspruch, zum Leidwesen vieler Hunde.

Und Regeln, das haben Hundehalter in den letzten Jahren gelernt, sind nur dann vonnöten, wenn der Hund ein »Problem« macht. Solange er anstandslos die Couch verlässt oder sich auf Anweisung trollt, darf er alles und muss nichts.

Wenn Sie jedoch

- bereits im Welpenalter bei »Beißattacken« Ihres Kleinen und anderen Übergriffen klar zum Leckerli denn zum Widerstand tendierten,

- sich auch in der Pubertät nicht gegen den Schnösel durchsetzen mochten

- und jetzt wieder keinen Grund sehen, dem erwachsenen Hund mal was abzuverlangen:

Wann wollen Sie dann je Dominanz zeigen? Wie wollen Sie Ihrem Hund denn klarmachen, dass Sie, wenn es Ihnen drauf ankommt, durchaus was zu Sagen haben?

Oft tritt das Ansinnen, Entscheidungen zu treffen, die dann vom Hund jederzeit akzeptiert werden sollen, bei Besuch oder draußen an der Leine oder im Freilauf auf. Nun soll der Vierbeiner bitteschön »gehorchen« und selbst unter höchster Ablenkung zurückkommen und folgen. Möglicherweise wird er jetzt Ihren überraschenden Führungsanspruch aber nicht akzeptieren.

Hatten Sie als Kind Regeln? Mussten Sie vielleicht pünktlich zum Abendessen erscheinen und vorher Hände waschen? Sollten Sie womöglich beim Essen nicht die Ellbogen aufstützen, nicht die Suppe schlürfen, warten bis alle aufgegessen hatten? Fünf Regeln in wenigen Minuten – und wie viele Regeln hat Ihr Hund?!

Regeln brauchen Sie insbesondere dann, wenn Sie bis dato nie einen Anlass sahen, Ihren Hund auch mal in die Schranken zu weisen. Oder Sie Ihren Vierbeiner nicht dahingehend beeinflussend konnten, etwas

Integration eines Hundes in die Familie

dauerhaft zu unterlassen. Wenn Sie sich bislang nie oder nur selten durchsetzen wollten, mussten oder konnten, tun Sie gut daran, dies mal zu tun. Wenn Sie oftmals oder in bestimmten Situationen nicht den Ton angeben können, sollten Sie an Ihren Hund mehr Ansprüche stellen. Sie sollten sich mal für einige Zeit in ausgewählten Situationen ihm gegenüber dauerhaft »dominant« zeigen und damit bestimmte Privilegien ganz klar und konsequent als allein Ihre Domäne reklamieren, ehe Sie ihm wieder mehr Freiheiten und uneingeschränkten Zugang dazu gestatten.

Regeln unterstreichen Ihren Führungsanspruch und geben dem Hund Orientierung. Sie helfen, Konflikte zu vermeiden und der Entwicklung von störenden oder problematischen Verhaltensweisen vorzubeugen. Sie sind keineswegs dazu da, zu versklaven, von morgens bis abends alles zwanghaft zu kontrollieren und ständig auf Ihre Vorrechte zu pochen.

So darf Ihr Hovaward selbstverständlich gerne den Wachdienst übernehmen – aber bitte erst dann, wenn Sie ihm zuvor eindeutig klar gemacht haben, dass die letzte Entscheidung über Freund oder Feind immer noch bei Ihnen liegt, und das bitte, ehe Ihr Hund die nette Oma von nebenan samt Kaffeegebäck ungebremst an die Wand nagelt – und Sie dringend einen kompetenten Hundetrainer zu Rate ziehen sollten! Ihr freundlicher Goldie darf natürlich Besucher begrüßen – aber doch erst, wenn Sie ihm ruhiges Abwarten und anständige »Manieren« beigebracht haben, und er nicht mehr schon auf der Treppe für Gäste zum Überfallkommando wird! Können Sie in einer solchen Situation klar und deutlich seine Grenzen kommunizieren (ihn abbrechen, steuern, korrigieren), dann tun Sie's! Wenn nicht: Greifen Sie erstmal zu strikten Regeln in genau jenem Bereich, am besten, ehe sein Verhalten zum Problem wird.

Ihr Hund braucht eindeutige Vorgaben – zum Vorteil und Wohl beider Seiten. In vielen Hundehaushalten erlebe ich unklare Kommunikation und nervöse, unsichere Hunde. Und gelegentlich solche, die durch Aggression eigene Ansprüche bereits erfolgreich durchzusetzen gelernt haben. Hunden fehlen im Zusammenleben mit ihrem Menschen oft deutliche und klare Signale, in Bereichen, die für sie wichtig sind.

Integration eines Hundes in die Familie

Welche Regeln für welchen Hund?

Führungsanspruch manifestiert sich in den meisten Mensch-Hund-Beziehungen am Ort des engsten Zusammenlebens: im Haus. Hier macht sich Führung für die einzelnen Hundeindividuen in verschiedenen Bereichen des Alltags fest, abhängig von Rasse und individuellen Eigenschaften. Dies gilt es als Hundehalter zu berücksichtigen.

Oft reichen ganz wenige, gezielte Regeln im Haus (statt blindem Agieren nach dem Gießkannenprinzip!), um der möglichen Entstehung von Problemen vorzubeugen und Durchsetzungsfähigkeit sowie den Willen zur Übernahme von Verantwortung in allen Lebenslagen zu demonstrieren. Keinesfalls gelten grundlegend »alte Zöpfe«, wonach der Hund niemals auf der Couch liegen oder im Bett schlafen darf. Zeigt er dabei allerdings Aggression, hat er sein Aufenthaltsrecht auf diesem Mobiliar verwirkt. Und wenn er sich zuerst durch die Tür drängelt oder beim Spaziergang vorneweg läuft, hat das nichts mit Anführerschaft zu tun – auch wenn es zuweilen durchaus Sinn macht, dass der Hund nicht als Erster auf die Straße stürmt oder sich in unklaren Situationen hinter seinem Menschen hält.

Vorsicht auch mit Ratschlägen, die nächtliche Verbannung des Hundes aus dem Schlafzimmer zur Regel zu machen. Eine erzwungene Trennung vom Sozialpartner Mensch über Nacht schädigt Bindung und Beziehung zwischen Hund und Mensch. Und natürlich darf der Hund Sie auch als Erster begrüßen. Warum denn nicht?!

Allerdings wäre es durchaus ratsam, Hunde, die gern im Mittelpunkt stehen, von Anbeginn an in Besucher- und Haustürsituationen klar zu steuern. So wirken Sie der Entwicklung von Verhaltensweisen, die sich im weiteren Zusammenleben vielleicht zum Problem auswachsen könnten, frühzeitig entgegen. Gleiches gilt – wenn auch aus anderen Gründen – für sozial unsichere Hunde ebenso wie für Hunde(rassen), die eine Kontrolle über Territorium und Eindringlinge (Besucher) für wichtig erachten. Ist der Hund Futter sehr zugeneigt, können vor allem feste Spielregeln hinsichtlich Ess- und Fressbarem – das betrifft Futter, Küche, Essbereich – aufgestellt werden. Bei anderen Hunden sind Liegeplätze von Bedeutung oder (übermäßiges) Besitztum wie Spielzeug. Entscheidend ist immer: Es sollte Regeln geben in Bereichen, die für das Individuum Hund von Signalwirkung sind.

Integration eines Hundes in die Familie

Unsichere Hunde brauchen besonders viele Vorgaben zum Herstellen fester Strukturen zur Orientierung und als unmissverständliches Signal Ihrer Übernahme von Schutz und Verantwortung.

Während bei vielen Vierbeinern fehlender Gehorsam im Freilauf oftmals Ausdruck eines mangelhaft kommunizierten Führungsanspruchs des Halters im täglichen Zusammenleben – also meist zuhause – ist, erfordern einige Rassen von ihren Menschen vor allem außerhalb des Hauses ein hohes Maß an Entschlusskraft und Durchsetzungsfähigkeit, um Anführerschaft zu erlangen.

Bei nordischen Hunden beispielsweise geht Führung meist in besonders hohem Maße mit der Entscheidungsfreiheit über Wege und Richtung, draußen im Freilauf, einher. Hier hat die Akzeptanz Ihrer Vorgaben höhere Signalwirkung im Hinblick auf Ihren Führungsanspruch als Vorrechte im Haushalt. Allerdings kann auch hierbei, gleichsam als Sprungbrett, das Aufstellen von mehr Struktur im Haus helfen.

Zusammenfassend geht es also keinesfalls darum, jeden Schritt im Leben Ihres Hundes zu reglementieren und zu kontrollieren oder blindwütig zuhause alle nur erdenklichen Regeln aufzustellen, im Glauben, allein dadurch bereits einen höheren Status gegenüber Ihrem Hund zu erlangen. Es geht vielmehr darum, anhand einer oder weniger ausgewählter Regeln klare Strukturen für ein harmonisches Zusammenleben, aber auch für eine bessere Akzeptanz Ihrer Führungsrolle zu schaffen. Entscheidend dabei ist *Ihre* Demonstration von Souveränität, Konsequenz, Durchsetzungsfähigkeit und Führungsanspruch. Dafür ist eine dauerhafte Dominanz in bestimmten Bereichen gegenüber Ihrem Hund von großer Wirkung. Darüber hinaus trägt sie entscheidend dazu bei, problematischem Verhalten vorzubeugen. Sie wird von Hundehaltern in ihrer Bedeutung oft unterschätzt.

Bei bereits bestehenden Problemen im Zusammenleben mit Ihrem Hund bedarf es jedoch immer auch eines (weiteren) gezielten Trainings unter professioneller Anleitung.

Und sollte Ihr Hund Ihnen gegenüber Aggression gezeigt, Sie bedroht, verwarnt oder nach Ihnen geschnappt haben, oder sich aggressiv gegen andere Familienmitglieder, Besucher, Kinder oder Tiere im Haus verhalten: Holen Sie sich in jedem Fall zuerst einen Fachmann ins Haus – ehe Sie beginnen, bestehende Strukturen zu ändern.

Integration eines Hundes in die Familie

Die praktische Umsetzung: Problemen vorbeugen!

Am besten, Sie gewöhnen schon Ihren Welpen über Futter, Lecker und ganz viel Lob an eine Box. Eine Box hat entscheidende Vorteile, für beide Seiten: Tür zu – für Ruhe, Geborgenheit und Abgeschiedenheit für den Hund (gerade in lebhaften Haushalten mit Kindern ein Zufluchtsort, und sehr anzuraten) und als Möglichkeit zu »verordneten« Aus- und Ruhezeiten durch den Hundebesitzer, sowie zur Umsetzung seiner Regeln. Während Menschen oft bereits beim Gedanken an ein »Einsperren in eine Kiste« klaustrophobische Ängste entwickeln, lieben Hunde »Höhlen«. Sind sie erstmal in kleinen Schritten an eine Box gewöhnt, haben sie im Normalfall keinerlei Probleme damit, im Gegenteil.

Hat Ihr Hund die Box bereits als gelegentlichen Aufenthaltsort oder schon als Ruheplatz angenommen, entfernen Sie alle anderen Körbchen und Decken. Ein Platz für tagsüber reicht völlig aus. Als Standort wählen Sie bitte eine ruhige Ecke in Ihrer Nähe – in einem Raum, in dem Sie sich zuhause bevorzugt aufhalten. Ein Hund möchte bei seinen Menschen sein!

Nun brauchen Sie noch eine Hausleine. Diese gibt es zu kaufen und misst etwa zweieinhalb Meter. Alternativ können Sie eine weiche Schnur im Baumarkt erstehen, an dessen Ende Sie einen Karabiner knoten. Das andere Ende der Leine hat weder Knoten noch Schlaufe: So kann sie sich nirgends leicht verfangen und schleift einfach hinter dem Hund her. Die Hausleine befestigen Sie am Halsband oder Brustgeschirr.

Die Hausleine ist wichtig: Ihr Hund trägt sie zuhause immer – allerdings nur in Ihrer Anwesenheit. Sie ermöglicht Ihnen ein ruhiges souveränes und auch kommentarloses Lenken des Hundes – ohne nervtötende »Diskussionen«, Emotionen und Aggression, wenn Sie ihn zuletzt am Hals packen und durch die Wohnung schleifen.

Nach dem ersten Gewöhnen an die Box trainieren Sie nun das Schließen der Tür und verknüpfen dies zugleich mit einer Übung für eine schnelle und tiefe Entspannung in der Box.

Schließen Sie die Tür erstmals dann ganz beiläufig, wenn Ihr Hund müde und/oder bereits entspannt ist. Liegt er nicht in der Box, nehmen Sie wortlos die Hausleine auf und führen Sie ihn dorthin. Tür schließen. Bleiben Sie im Raum (und damit im Blickfeld des Hundes) und

Integration eines Hundes in die Familie

beschäftigen Sie sich selbst mit einer ruhigen Tätigkeit. Sie können sich beispielsweise in Sichtweite setzen und lesen. Nun warten Sie geduldig ab, bis Ihr Hund sich entspannt. Schenken Sie ihm bis dato bitte keinesfalls Aufmerksamkeit. Das gilt insbesondere dann, wenn Protest kommt. Ignorieren Sie Ihren Hund in der Box, bis er optimalerweise möglichst tief und fest schläft. Erst dann öffnen Sie ganz beiläufig die Tür.

Diese Übung wiederholen Sie mehrmals täglich und über einige Tage, wobei Sie dabei dann auch mal das Zimmer verlassen können.

Wichtig: Selbstverständlich ist die Box, wenn der Hund darin entspannen soll, dann auch für alle anderen Familienmitglieder absolut tabu. Und bitte nie darauf eingehen, wenn der Hund mal etwas »Theater« macht. Ignorieren Sie ihn und warten Sie stattdessen immer ab, bis er sich entspannt hat oder, noch besser, fest schläft. Erst dann öffnen Sie die Tür.

Dieses Entspannen in der Box ist wichtig! Hat Ihr Hund gelernt, in seiner Box schnell in »Tiefschlaf« zu fallen, können Sie anfangen, damit zu arbeiten:

- Wenn Ihr Hund sehr nervös, ständig auf den Beinen ist und viel zu selten zur Ruhe kommt: öfter für eine Zwangspause in die Box bringen und eine Ruhephase erzwingen, für mehr Ausgeglichenheit und Entspannung. Bedenken Sie bitte: Nicht nur Welpen, auch erwachsene Hunde schlafen, sofern die Auslastung ansonsten stimmt, einen Großteil des Tages!

- Wenn Welpen ihre »fünf Minuten« haben oder Sie ein unerwünschtes Verhalten abbrechen möchten: Sofort Hausleine aufnehmen und in die Box führen, für Auszeit und Entspannung.

- Wenn Kinder in der Familie sind und es öfter unruhig wird: Den Hund aus der Schusslinie nehmen und in der Box zur Ruhe kommen lassen.

- Wenn Sie Ihre Regeln umsetzen möchten: kommentarlos die Hausleine aufnehmen, den Hund ruhig in die Box führen und entspannen lassen.

Integration eines Hundes in die Familie

Werten Sie es bitte niemals als »Strafe«, wenn Sie den Hund in seine Box führen! Bringen Sie keine Emotionen ins Spiel, wird auch Ihr Hund die Box nie als negativ empfinden und infolgedessen irgendwann mal meiden.

Mittels Box und Hausleine können Sie Ihre aufgestellten Regeln gelassen und souverän, vor allem aber wort- und emotionslos, umsetzen. Gehen Sie in der jeweiligen Situation, die Ihr Handeln erfordert, bitte stets zügig, aber dennoch gelassen auf Ihren Hund zu und nehmen Sie die Hausleine beiläufig auf – ohne direkten Blick auf den Hund und mit seitlich abgewandtem Körper. Noch mal: Ihr Hund wird die Box keinesfalls als eine Bestrafung empfinden, wenn Sie selbst unemotional und ohne Aggressionen agieren.

Beginnen Sie bitte nicht gleich mit einer Regel, die für den Hund größte Aufregung bedeutet, wie vielleicht Besucher und damit das Klingeln an der Tür. Beschränken Sie sich anfangs auf eine Änderung in einem Bereich, der ihm nicht ganz so »wichtig« scheint.

Halten Sie und alle anderen Familienmitglieder die gemeinsam definierten Vorgaben fest ein. Besprechen Sie von Anfang an genau, wer wann was tun soll und wer von den Erwachsenen handelt, um dies bei Bedarf nicht erst zu diskutieren. Durch konsequente Wiederholung und den immer gleichen Ablauf bringen Sie schon Ihrem Welpen mühelos bei, dass er in bestimmten Situationen beispielsweise seinen Platz aufsuchen soll, etwa beim Klingeln an der Haustür, dem Zubereiten seines Futters, beim Kochen oder beim Abendessen der Familie.

Wenn Sie die Box immer erst dann öffnen, wenn Sie beispielsweise mit dem Abendessen fertig sind – und ihr Hund dann entspannt ist –, lernt er auch, wie lange er jeweils auf seinem Platz bleiben soll.

Hat sich Ihr Hund auch in Anwesenheit von Besuchern in seiner Box völlig entspannt, öffnen Sie beiläufig die Tür. Möglicherweise erfolgt die Entspannung vielleicht erst nach mehreren Wiederholungen und nicht gleich bei den ersten Besuchern. Nur wenn der Hund auch in Anwesenheit von Gästen schläft, öffnen Sie die Tür der Box. Bei vielen Hunden folgt nun mit zeitlicher Verzögerung doch noch jener Auftritt, den sie bislang an der Haustür zeigten. Sobald Ihr Hund nun gegenüber dem Besucher ein unerwünschtes Verhalten an den Tag legt und sich beispielsweise sehr auf- und zudringlich verhält, nehmen Sie wortlos die Hausleine auf und bringen ihn ruhig zurück in die Box. So brechen

Integration eines Hundes in die Familie

Sie sein unerwünschtes Verhalten ab, und Ihr Hund entspannt sich wieder – bis zum nächsten Versuch. Sie werden sehen: Schon nach wenigen Wiederholungen wird er Aufdringlichkeiten gegenüber Gästen unterlassen.

Zeigt Ihr Hund aber Aggression gegenüber Besuchern, dann ziehen Sie bitte in jedem Fall zuerst professionelle Hilfe hinzu.

Natürlich können Sie auch ohne Box arbeiten und Ihren Hund konsequent auf seinen Platz schicken. Dabei bedenken Sie bitte, dass dies nur dann Sinn macht, wenn

- Sie wirklich in der Lage sind, eindeutig, klar und unmissverständlich (und das meint nicht unter Einsatz von Gewalt) zu kommunizieren – so dass Ihr Hund Sie auch verstehen kann!

- Sie Ihre Anweisung nicht erst minutenlang mit dem Hund »besprechen«, ihn bitten oder ihm drohen müssen, zumal mit wachsender Hilflosigkeit des Menschen oft auch Ärger, Aggression und die Schärfe im Ton zunehmen. Weder das, noch ein körperliches Durchgreifen auf der Basis von Wut und Zorn sind Ausdruck von Souveränität.

- Ihr Hund seinen Platz nicht nur aufsucht, sondern auch beibehält und sich nicht permanent herunterrobbt oder aufsteht, so dass Sie wieder und wieder »diskutieren« müssen.

Ebenso zweifelhaft ist, wenn Sie, Schweißperlen auf der Stirn, unter den staunenden Blicken wartender Besucher wiederholt und ausdauernd das Thema »Sitz« und »Bleib« mit Ihrem Hund erörtern und den Vierbeiner damit minutenlang in den Mittelpunkt der Aufmerksamkeit und des Interesses stellen.

Bedenken Sie: Es geht hier um *Selbstverständlichkeiten* im Zusammenleben und sozialen Miteinander, um das Einhalten von Grenzen, das Aufstellen von Handlungsspielräumen, das Einfügen in Strukturen und damit in eine soziale Gemeinschaft. Es geht nicht um »Training« und »Dressur«: um Lob und Tadel, Keks und Korrektur. Es geht um Respekt und freiwillige Akzeptanz Ihrer Entscheidungsfreiheit als Anführer, in allen Lebenslagen. Es geht um Führungsanspruch, wiederholt kundgetan, unaggressiv eingefordert, souverän demonstriert und konsequent durchgesetzt.

Integration eines Hundes in die Familie

Oder haben Sie als Kind immer eine Lobrede und einen Schokokeks dafür bekommen, dass Sie der Tante »Guten Tag« gesagt, nicht die Suppe geschlürft, beim Essen am statt unter dem Tisch gesessen, Besucher nicht bedrängt haben, etc.? Das nannte man *Erziehung* und *Manieren beibringen*. Und wurde das nicht einfach als selbstverständlich erwartet?

Reicht Ihr pädagogisches Geschick zwar für den zweibeinigen Nachwuchs, beim Vierbeiner jedoch stoßen Sie an Ihre Grenzen und müssen wieder und wieder »diskutieren«, weil der Hund Karotten im Ohr hat oder permanent Ihre Kommandos von selbst aufhebt, dann sollten Sie alternativ auf Box und Hausleine zurückgreifen, um ernst genommen zu werden – ehe sich Hilflosigkeit und Ärger aufstauen, Sie unbeherrscht reagieren, sich mit halbherzigen Ausführungen zufrieden oder jeglichen Führungsanspruch ganz aufgeben.

Hunde haben – glücklicherweise! – nun mal einen eigenen Willen. Das macht ihre Individualität aus, das Zusammenleben mit Ihnen so großartig wie interessant und zur Herausforderung. Wenn Ihr Hund Ihre Vorgaben und Entscheidungen freudig und freiwillig respektiert, dann haben Sie es geschafft.

Doch vergessen Sie darüber niemals Ihre Pflichten!

Strukturen für den erwachsenen Hund

Auch im höheren Lebensalter können Sie Ihren Hund jederzeit noch problemlos an eine Box gewöhnen. Haben Sie aber eine Riesenrasse und würde das Aufstellen einer passenden Box das Herausreißen von Wänden oder den Umzug in größere Räumlichkeiten erfordern, können Sie alternativ den Hund – analog zur Box – auch an ein Anleinen auf seinem Liegeplatz gewöhnen. Dafür braucht es einen Haken an der Wand, an dem Sie eine kurze Leine mit Karabiner befestigen. Diese sollte eben so lang sein, dass sie geradewegs in die Mitte der Decke reicht.

Selbstverständlich lernt auch hier der Hund zunächst über mehrere Wiederholungen und Tage sowie ohne Ablenkung das Entspannen auf seinem Platz – ehe Sie beginnen, Regeln umzusetzen.

Haben Sie einen Kandidaten, der gerne an Leinen kaut und schnell gelernt hat, mittels Einsatz seiner Zähne seinen Liegeplatz »vorzeitig«

Integration eines Hundes in die Familie

zu verlassen, verwenden Sie statt einer Leine ein Stück Kette. Dann aber streichen Sie für die nächste Zeit Besuche von Eltern und Großeltern. Es sei denn, Sie wollen angesichts des »martialischen« Anblicks (»Kind, wie kannst du den bloß anketten?!«) enterbt werden.

Überhaupt: Obwohl das vorübergehende Fixieren auf seinem Platz im Ergebnis dem Türschließen der Box gleichkommt und von Hunden im Allgemeinen bei entsprechender Gewöhnung ebenso gut angenommen wird, löst der Anblick eines angeleinten Hundes bei den meisten Menschen eine Fülle negativer Emotionen und Assoziationen aus. Und oft ist es dann das »schlechte Gewissen« der Halter, das dem Umsetzen von Regeln, dem Zur-Ruhe-bringen nervöser Hunde und dem Herstellen von Strukturen für unsichere Hunde kontraproduktiv entgegenwirkt und Erfolg verhindert.

Training für den Menschen!

Der 13-Jährige Jack Russel-Rüde einer Kundin vollführte von seinem Lieblingsplatz aus, der Fensterbank, beim Anblick passierender Vierbeinern seit Jahren ein Mordspektakel. Als er fortan mittels Hausleine in seine Box gebracht werden und dort bleiben sollte bis zur Entspannung, fragte die alte Dame besorgt, wie lange der Hund wohl brauchen würde, »bis er das versteht«? Antwort: »Bei klarer Umsetzung wenige Wiederholungen. Die Frage ist: Wie lange brauchen Sie?«

Menschen fallen Veränderungen weitaus schwerer als ihren Hunden. Dazu kommt, dass uns viele Angewohnheiten oft gar nicht bewusst sind. Eine Bekannte wurde während des Gesprächs von ihrem Golden Retriever zum Streicheln animiert. Als der Vierbeiner genug hatte und ihre Hand ins Leere griff, fragte ich, wann sie zuletzt ihren Hund gestreichelt habe. Die Antwort: »Ich glaube, irgendwann mal heute Mittag«.

Beim Hausprogramm ist jedoch die Veränderung des Halters gegenüber seinem Hund ganz entscheidend: Der Vierbeiner erlebt seinen Menschen souverän und konsequent handelnd, durchsetzungsfähig, mit festen Vorgaben und einer eindeutigen, weil nonverbalen, Kommunikation.

Viele Hundehalter sind auf den Gebrauch von Kommandos und Verabreichen von Hundekeksen trainiert. Sie tun sich schwer, auch mal

Integration eines Hundes in die Familie

ohne Worte, Lob und Lecker zu arbeiten und die Einhaltung ihrer Grenzen als Selbstverständlichkeit anzusehen.

Wenn Ihr Hund Ihre Regeln anerkennt und sie selbstständig oder auf bloßen Fingerzeig hin befolgt, können Sie dem Ablauf gerne auch einen Namen geben, sofern es notwendig ist und Sie es möchten. Eine Kundin berichtete zum Beispiel, dass Junghündin »Emma schon von ganz allein auf ihren Platz geht, wenn die Suppenschüssel auf den Tisch kommt«. Spätestens jetzt können Sie das Hilfsmittel Hausleine und, sofern Sie damit gearbeitet haben, das Anleinen auf der Decke weglassen oder nur noch bei Bedarf einsetzen.

Doch Vorsicht! Fallen Sie nicht zu früh in alte Gewohnheiten zurück – und arbeiten Sie in jedem Fall so lange über Ihre Hilfsmittel, bis Sie sicher sind, dass Ihr Hund Ihre Regeln bereitwillig und »ohne Diskussion« akzeptiert und befolgt. Ist das der Fall, können Sie ihm natürlich auch wieder mehr Freiheiten gestatten – etwa, beim Klingeln mit Ihnen zur Tür zu kommen. Allerdings sollte er, wenn er diese Situation wirklich als Ihre Domäne respektiert, nun bei Bedarf auch problemlos abzukommandieren sein.

Einige Spielregeln für Ihren Hund sollten Sie aber auch weiterhin beibehalten, wie etwa das Aufsuchen der Hundebox oder des Liegeplatzes beim Essen. Hunde brauchen feste Abläufe und klare Strukturen. Und je unsicherer der Hund, desto mehr Orientierung sollten Sie ihm bieten. Machen Sie sich einige Ihrer neuen Regeln am besten einfach dauerhaft zur Gewohnheit.

Anmerkungen zum Schluss

Insbesondere der Umgang mit Aggression erfordert immer eine sorgfältige Anamnese und ein entsprechendes Training unter fachkundiger Anleitung. Liegt eine solche Problematik vor, ziehen Sie einen Fachmann hinzu, ehe Sie im Zusammenleben mit Ihrem Hund Veränderungen einleiten.

Anführerschaft hat ihren Preis. Vergessen Sie bitte nie Ihre Pflichten! Nehmen Sie Ihre Verantwortung ernst. Schaffen Sie nicht nur klare Strukturen, für Orientierung und psychische Stabilität - geben Sie ihrem Hund viel Zuwendung, und ebenso Schutz und Geborgenheit. Eignen Sie sich Hundesachverstand an, um mögliche Konfliktsituatio-

Integration eines Hundes in die Familie

nen aus Sicht Ihres Schutzbefohlenen zu erkennen und stellen Sie sich vor ihn. Zeigen Sie ihm seinen Handlungsspielraum, seine Freiheiten und seine Grenzen. Beweisen Sie sich als souverän, zuverlässig und berechenbar und emotional stabil. Sorgen Sie für viel Bewegung, artgemäße Auslastung und Erfolgserlebnisse und meistern Sie gemeinsam Abenteuer.

Werden Sie Ihrem Hund ein guter Anführer – auf der Basis von Respekt und Vertrauen.

Literaturverweis

Feddersen-Petersen, Dorit Urd (2004): *Hundepsychologie – Sozialverhalten und Wesen, Emotionen und Individualität.* Kosmos-Verlag

Adam Miklósi, 2009

Mehrhundehaltung – Von Orientierungspersönlichkeiten und Problemmenschen

Udo Gansloßer und Ulrike Thurau

Im Zusammenleben von Menschen und Hunden hat die Einwirkung des Menschen Konsequenzen für die gesamte Gruppe, ganz gleich ob diese Einflussnahme bewusst oder unbewusst vollzogen wird. Wer also mit mehreren Hunden in einem Haushalt bzw. in einer Familie leben möchte, tut gut daran, sich etwas an den sozialen Bedingungen in einer Hundegruppe, ohne Zutun des Menschen, zu orientieren. Auch wenn es viele Parallelen beim Leben mit einem oder mehreren Hunden gibt, so gibt es ebenso viele Unterschiede. Verhalten, das für das Zusammenleben mit einem Hund zu empfehlen ist, kann für das Zusammenleben mit mehreren Hunden in einigen Fällen sogar fatale Folgen haben.

Alle Individuen eine Gruppe sind daher stets individuell zu betrachten. Eine pauschale Lösung für entspanntes Leben in der Gruppe von Menschen und Hunde kann es nicht geben. Primär gilt es sich mit jedem einzelnen Gruppenmitglied intensiv auseinander zu setzen und die Erkenntnisse daraus zum Vorteil der gesamten Gruppe sowie jedes einzelnen Mitglieds einzubringen.

Zusammenleben von Hunden ohne Einfluss des Menschen

Hunde leben, je nach Nahrungslage und anderen Umweltbedingungen, auch dann in Gruppen, wenn der Mensch nicht regelnd einschreitet. Dies haben viele Studien an sogenannten verwilderten Haushunden oder »Straßenhunden« in den letzten Jahren gezeigt. Es sei dabei beispielhaft auf die Studien von Bloch (2007) verwiesen. Die allgemeine

Mehrhundehaltung

Triebfeder für die Rudelbildung bei Hundeartigen, seien es verwilderte Haushunde oder wildlebende Kaniden, ist im Gegensatz zu früheren Auffassungen nicht die gemeinsame Jagd. Auch die gemeinsame Jungtieraufzucht spielt nicht die zentrale Rolle in der Entstehung der Rudel- und Familienstruktur. Vielmehr ist es die gemeinsame Verteidigung eines Nahrungsreviers und ggf. auch die gemeinsame Verteidigung der gerade eben gefundenen und genutzten Nahrungsquellen. Das hat die von David Macdonald aufgestellte sogenannte *Ressource Defense*-Hypothese eindeutig belegen können. Näheres dazu hat er in mehreren ausführlichen Artikeln dargelegt, z. B. in Gansloßer und Sillero-Zubiri (2006).

Auf der Ebene der beteiligten Einzeltiere ist zu beachten, dass soziale Beziehungen in Gruppierungen immer die Interessen aller beteiligten Einzeltiere erfüllen sollten. Tiere leben nicht in Gruppen, weil dies im Lehrbuch oder in ihren Genen steht, sondern sie leben dann in Gruppen, wenn dieses Gruppenleben ihnen momentan mehr Vorteile bringt als alle anderen, derzeit denkbaren Alternativen des Sozialverhaltens. Diese ständige Kosten-Nutzen-Analyse, die jedes Tier unbewusst und ohne großes Nachdenken vollzieht, zeigt ihm, ob es sich noch lohnt, in eine bestimmte Gruppe bzw. in die dort herrschenden Beziehungen zu investieren. Gelingt dies nicht mehr, wird das Tier die Gruppe verlassen.

Soziale Beziehungen werden wissenschaftlich beschrieben als regelmäßiger und über einen längeren Zeitraum erfolgender Austausch von sozialen Verhaltensweisen, wobei Richtung, Intensität, Vielfalt, Synchronität und andere Aspekte gezählt und bewertet werden.

Letztlich ist eine soziale Beziehung immer dann gegeben, wenn bestimmte Individuen miteinander etwas anderes tun, und zwar vorhersagbar anderes tun, als mit dem Rest ihrer Art bzw. mit dem Rest der zur Verfügung stehenden Artgenossen. Beziehungen sind also individuell. Zwei wichtige Beziehungen, die der Mensch in der Steuerung und Betreuung eines Mehrhunderudels, noch dazu in einer mehrköpfigen menschlichen Familie angesiedelt, kennen und beachten muss, seien im Folgenden kurz angesprochen:

- Die Anführer/Gefolgschaftsbeziehung zeigt an, wer unter den Beteiligten, sei es situativ durch besonders gute Kenntnis der jetzigen Lage, oder sei es allgemein durch Lebenserfahrung, Souveränität und

Mehrhundehaltung

andere Langzeitmerkmale, jetzt gerade angibt, »wo es lang geht«. Gerade Studien an verwilderten Haushunden und Wölfen haben gezeigt, dass situative Anführerschaft nichts mit Rangpositionen zu tun hat. Vielmehr geht der jenige voran, der z. B. der beste Spurenleser oder der beste Alarmgeber ist.

- Die Rangordnungsbeziehung, auch Dominanzbeziehung genannt, regelt, wer im Zweifelsfall bei einem Konflikt seine Interessen durchsetzen kann, und zwar ohne die Anwendung körperlicher Gewalt. Aggression und Dominanz haben fast nichts miteinander zu tun, Aggression findet statt, wenn die Dominanz nicht eindeutig geklärt ist. Dominante Tiere können, müssen sich aber nicht ständig durchsetzen. Die Dominanzbeziehung wird zudem vom Rangtieferen stabilisiert, in dem er ohne großen Aufwand die Privilegien des Ranghöheren zugesteht und akzeptiert. Insbesondere bei Hundeartigen muss noch zusätzlich bedacht werden, dass der Zugang zum Futter nicht durch die formale Langzeitdominanzstruktur geregelt ist. Vielmehr frisst derjenige am schnellsten und am meisten, der den größten Bedarf

Mehrhundehaltung

für Futter hat und dies auch derzeit am glaubwürdigsten signalisiert. Dies ist insbesondere bei der Fütterung von Mehrhundegruppen zu beachten.

Zusammenleben von Hund und Mensch

Haushunde können, bis auf wenige Ausnahmen, die menschliche Familie nicht verlassen. Sie können jedoch in die »innere Emigration gehen«, d.h. für den Halter nichts mehr tun und sich sozusagen geistig aus der Beziehung verabschieden. Das ist aber sicherlich nicht das was wir mit unseren Hunden anstreben. Wir möchten ja einen Familienverband mit ihnen bilden, der allen Beteiligten Vorteile, Spaß und Freude am Dasein bringt.

Hunde besitzen die Fähigkeit nicht nur zu Artgenossen enge soziale Kontakte aufzubauen sondern auch zum Menschen. Der Hund bringt die Bereitschaft mit seinem Menschen zu kooperieren zunächst einmal mit. Unsere Aufgabe ist es daher, für jeden einzelnen Hund, innerhalb einer Gruppe, eine allgemeine Situation zu schaffen, die ihm mehr Vor- als Nachteile bietet. Damit ist jedoch nicht gemeint, dass alles getan und ausschließlich derart gehandelt wird, dass der Hund durchsetzen kann, was er erhofft, sondern, dass der Hund durch den Menschen eine verlässliche Orientierung erhält, welches Verhalten am gesündesten und optimal für sein Wohlbefinden ist. Dies gilt sowohl für den Umgang mit seinen Artgenossen als auch mit dem Menschen, unterschiedlichen Alltags-Situationen und sonstigen Gegebenheiten.

Beispiele für verlässliche Orientierung im präventiven Bereich:

- Ein Hund, der ein anderes Tier verfolgt und ihm dabei geradezu auf eine stark befahrene Straße folgt.

- Der voller Freude in den See springen wollende Hund, der nicht weiss, dass es sehr unangenehm für ihn sein wird, wenn seine Pfoten alsbald durch am Ufer liegende Glasscherben verletzt werden.

- Ein Vierbeiner, der die auf dem Küchentisch stehende Schokoladen-Rosinen-Torte entdeckt hat und im Begriff ist diese im nächsten Moment zu verschlingen.

Mehrhundehaltung

- Oder der Welpe, dem plötzlich in den Sinn zu kommen scheint, das Lieblingsspielzeug seines alternden mit ihm lebenden Artgenossen unter dessen Kopf, während dieser zu ruhen scheint, für sich in Anspruch nehmen zu wollen.

Diese Beispiele verdeutlichen, dass die Ausführung der geplanten Aktionen für den Hund negative Konsequenzen haben wird. Es können körperliche und mentale Beeinträchtigungen seines Wohlergehens sein. Ja sicher, man kann sagen: dann soll er sie machen, diese Erfahrungen. Nur wozu sollte er, was hat er davon? Und weshalb diese Probleme und die eventuell zusätzlich daraus entstehenden überhaupt auftauchen lassen, wenn sie zum Wohl des Hundes vermieden werden können. Immer gelingt das ohnehin nicht, denn als Mehrhundehalter wird man seine Augen und seine ungeteilte Aufmerksamkeit nicht immer dem Tun und Handeln jedes einzelnen Hundes widmen können. Umso wichtiger ist es, dann zu reagieren, wenn man sie dort hat, um so Schaden vom Hund und somit von der Gruppe abzuwenden wo es möglich ist. Wenngleich es ebenso wichtig ist, dass Hunde negative Erfahrungen machen, um lernen zu können mit Frust, dem Nichterreichen von Zielen, umgehen zu können. Je weniger Einfluss der Mensch bei diesen durch den Hund, negativ gemachten Erfahrungen hat, je besser ist dies für das Vertrauensverhältnis in der Beziehung Hund und Mensch.

Auch wenn der Hund bei den Beispielen aus dem präventiven Bereich nicht verstehen wird, warum er sein so Freude bereitendes Verfolgungsspiel abbrechen soll, er auf ein Bad im kühlen Nass verzichten muss, die Torte verschmähen und Bello besser im Besitz seines Lieblingsspielzeugs schlafen lassen soll, wird er mit der Zeit erfahren, dass sich an seinem Besitzer zu orientieren dauerhaftes eigenes Wohlergehen und das der Gruppe bedeutet und somit zum Vorteil aller ist. Diese Erfahrung zu etablieren benötigt jedoch Zeit. Denn erst durch das Sammeln ausreichender positiver Erfahrungen und sich einstellender Erfolge wird der Hund sich darauf einlassen, sich an seinem Menschen zu orientieren und seine Handlungen auf die Verhaltensvorschläge des Menschen abzustimmen. Demnach wird er ein durch den Menschen erteiltes Signal zu einem bestimmten Verhalten als Vorschlag betrachten und es entweder ausführen oder nicht. Und dieses Annehmen eines Vorschlags beruht auf Freiwilligkeit des Hundes und steigert gleichzeitig dessen eigene

Mehrhundehaltung

Bereitschaft und die Verlässlichkeit auf Signale des Menschen zu reagieren. Daraus resultiert ein sensibles Vertrauensverhältnis. Fällt jedoch die Sammlung, der aus den Vorschlägen des Menschen entstehenden positiven Erfahrungen, gering aus ist es selbsterklärend, dass der Hund diese auf freiwilliger Basis kaum annehmen wird.

An dieser Stelle wird wohl einmal mehr deutlich, wie schwierig es werden kann in einer Mehrhundegruppe die Balance zwischen zulassen und unterbinden, bezogen auf jedes einzelne Gruppenmitglied, zu finden. Ein Hund mehr in der Gruppe bedeutet also nicht zusätzlich auf einen Hund mehr zu achten sondern, es potenziert sich auf ein Vielfaches. Schließlich hat jede Handlung des Menschen oder des Hundes Einfluss auf alle Gruppenmitglieder.

Kaum zu glauben, aber dieses probate Modell lässt sich auch in Gruppenstrukturen, wenn auch unbewusst erzeugt, bei unseren Mensch und Familienhundgruppen erkennen. Wobei auch hier ausdrücklich betont sei, dass wir weder die Hunde mit Arbeitnehmern geschweige denn Arbeitnehmer mit Hunden vergleichen möchten. Lediglich die gelebte Struktur des Zusammenwirkens zum gemeinsamen Wohlergehen und Erfolg sei hier gegenübergestellt. Parallelen sind durchaus auch in der Mensch-Hund-Beziehung zu erkennen, wie nachfolgend ausgeführt.

Anhand einschlägiger Literatur, besuchter Weiterbildungen und gezielten Trainings achtet der Mensch auf die Unversehrtheit seiner Vierbeiner. Dabei beachtet er im optimalen Fall die gesetzlichen Bestimmungen zum »Halten und Führen von Hunden«, stellt seine Hunde in regelmäßigen Abständen zwecks Impfung und Gesundheitscheck einem Tierarzt vor und ist bestrebt durch Erziehung und Ausbildung Einfluss auf ihr Verhalten zu nehmen. Entfernt sich ein Hund z.B. ohne Erlaubnis aus der Gruppe, um ein Kaninchen zu verfolgen, wird der Mensch den Hund entsprechend nachschulen und ihn künftig noch bewusster von diesem Verhalten abhalten wollen, um sowohl seinen Hund als auch die Wald- und Flurbewohner zu schützen. Springt ein Hund der Gruppe knurrend und bellend unbeteiligte Passanten an, wird er es diesem verbieten und versuchen ihn durch erzieherischen Einfluss davon abzuhalten, um die Kosten für die Reinigung der Kleidungsstücke von Passanten gering zu halten, den Ärger mit denselbigen zu vermeiden und eventuell von Behörden oder Institutionen verhängte Sanktionen gegenüber dem Vierbeiner gar nicht erst aufkommen zu lassen.

Mehrhundehaltung

Exkurs: Wie verhält es sich mit der Führung bei Menschen?

Ohne an dieser Stelle den Hund vermenschlichen zu wollen möchten wir die vorherigen Textpassagen anhand eines Beispiels weiter konkretisieren.

Der Firmeninhaber ist auf die Unversehrtheit seiner Arbeitnehmer bei der Arbeitsausführung bedacht und achtet im optimalen Fall nicht nur auf die konsequente Einhaltung der gesetzlichen Bestimmungen zu Unfallverhütung und Arbeitsschutz sowie der vorgeschriebenen ärztlichen Tauglichkeitsuntersuchungen sondern darüber hinaus auf den Besuch von regelmäßigen Schulungen und Ausbildungen zum korrekten Umgang mit den Arbeitsmitteln sowie auf die Einhaltung der Ruhezeiten. Mitarbeiter, die diese Bestimmungen nicht oder nur bedingt einhalten wird er zur konsequenten Einhaltung auffordern und entsprechend nachschulen. Die Leistungen seiner Mitarbeiter honoriert er pünktlich durch die Zahlung finanzieller Mittel. Besondere Leistungen honoriert er durch Lob und Anerkennung sowie zusätzlicher Prämien finanzieller oder sachlicher Art. Sein Umgang ist stets fair, der Art des Verhältnisses angemessen persönlich. Er agiert umsichtig und souverän, wobei er Raum für der Situation entsprechende Emotionen lässt. Ziel dieser Aktionen ist die Gesunderhaltung und Sicherheit der Arbeitnehmer und die damit verbundene dauerhafte Produktivität derselben woraus das Fortbestehen, die Wettbewerbsfähigkeit der Firma und schlussendlich die Sicherung der Arbeitsplätze resultieren. Für den Inhaber sind es demnach Handlungen, die in Selbstverständlichkeiten übergehen und zum Erfolg aller beitragen.

Zeigt der Hund, aus menschlicher Sicht, erwünschtes Verhalten wird er dieses durch die Gabe von Zuneigung, Fürsorge, Futter und Pflege entsprechend positiv belegen. Auch die Inaussichtstellung eines besonderen Happens wird in der einen oder anderen Situation, als Anreiz eine bestimmte Handlung auszuführen, zum Einsatz kommen. In der Mensch/Hundgruppe agiert der Mensch souverän und lässt Fairness walten. Emotionen werden zugelassen, ausgeprägte, unkontrollierbare Gefühlsausbrüche jedoch vermieden. Ziel dieser Aktionen ist die

Mehrhundehaltung

konstante Gesunderhaltung, das dauerhafte Wohlergehen sowie das beständige Zusammenbleiben der Gruppe. Für den Menschen ergeben sich bewusste Handlungen, die in Selbstverständlichkeiten übergehen. Die Balance von Lob und Motivation sowie angemessenes Setzen von Grenzen und Nachschulen gehört zu funktionalen, bewährten Strukturen. Vom Hund gezeigtes situationsgerechtes und somit angemessenes Verhalten, aus Sicht des Menschen, ist dem Hund gegenüber konsequent und für ihn erkennbar positiv aufzuzeigen, ebenso wie sein unangemessenes Verhalten erkennbar und dabei nicht minder konsequent mit Grenzen belegt werden sollte. Und das gilt es für jedes einzelne Gruppenmitglied individuell auszuloten. Die Handlungen sollten nur ein Ziel haben, das Wohlergehen jedes einzelnen Gruppenmitglieds zu fördern wodurch sich jeweils Vorteilssituation in der Gruppe ergeben.

Wohlergehen des Hundes wird demnach erzeugt durch eine verlässliche Leitfigur, die besonnen, umsichtig, angemessen und fair zum Vorteil der Gruppe agiert. Kurzum, die Leitfigur hat einen erkennbaren Plan, der das Überleben und die Unversehrtheit der Gruppe dauerhaft zur Folge hat. Schließlich würde jedes gesundheitlich negativ beeinträchtigte Mitglied die Gruppe schwächen und somit für alle einen zusätzlichen Energieaufwand bedeuten.

Die Rolle des Menschen innerhalb der Hundegruppe

Der Mensch, so er gerne die Rolle der Leitfigur inne hätte, was im Übrigen dringend zu empfehlen ist, sollte für sich einen Plan haben. Und anhand dieses durchdachten Plans bestimmte Handlungsabläufe parat halten. Was bedeutet sich im Vorfeld Gedanken darüber zu machen, was möchte ich, was möchte ich nicht, was in meiner Gruppe passiert und wie sich in dieser angemessen verhalten werden soll.

Im optimalen Fall sieht es doch so aus, dass jedes einzelne Gruppenmitglied »auf seine Kosten kommt«. Was im täglichen Leben bedeutet, der Hund ist nicht isoliert, erfährt Zuneigung und soziale Nähe, hat die Möglichkeit zur körperlichen und geistigen Beschäftigung, wird mit Nahrung versorgt und gepflegt. Er wird gefordert und gefördert, lernt Grenzen kennen und sich Anerkennung zu erarbeiten. Er hat die Möglichkeit sich an seiner Leitfigur zu orientieren, sie im Bedarfsfall bei seinen Entscheidungen zu Rate zu ziehen. Die Aktionen und Reaktionen

Mehrhundehaltung

dieser Person sind für den Vierbeiner also klar einschätzbar und in der Summe der Dinge vorhersehbar. Wohl dem also, der diese Leitfigur nicht ist. Sonst hätte er eine andauernde, anspruchsvolle Aufgabe zu erfüllen. Der sich Orientierende muss sich lediglich mit den vorherrschenden Regeln vertraut machen und ab und an seine Leitfigur auf die Probe stellen, ob diese noch angemessen agiert und reagiert.

Im zu erstellenden Plan sollten verantwortungsbewusste Hundehalter, die sich dazu entschlossen haben den Versuch zu unternehmen sich die Anerkennung der Gruppe zu erarbeiten auch Antworten auf folgende Fragen einbeziehen: Was ist wichtig für meine Hunde? Welche Bedürfnisse hat jeder einzelne von ihnen? Wo gilt es, jeden einzelnen zu fördern und zu fordern? Wie ist kollektives Kuscheln und Streicheln mit drei Hunden und nur zwei Händen zu gestalten?

Zudem sollte man sich darüber bewusst sein, dass die Übernahme des Führanspruchs zu jedem Zeitpunkt, in jeder Lage und in jeder Situation mit Leben zu füllen ist. Es ist nicht möglich zu entscheiden: »Oh jetzt ist ein guter Zeitpunkt an meiner Führungsrolle zu arbeiten«. Vielmehr ist es ein Vorhaben, das in jeder Sekunde zu leben ist. Die anderen Gruppenmitglieder beobachten Ihr Tun und Handeln nämlich auch während der gesamten Dauer Ihres Zusammenseins. Ganz gleich ob Sie schlafen, fernsehen oder gerade Besuch haben.

Alleine durch das Verwalten des Futters, das Halten der Leine, der Gabe das Auto steuern zu können, Räume abdunkeln und beleuchten zu können, männlich oder weiblich zu sein ist man noch keine anerkannte Leitfigur sondern lediglich ein austauschbarer Futterverteiler, ein Leinenhalter, ein Fahrzeuglenker, ein Lichtschalterbetätiger, ein Rolladenbediener, ein Mann, eine Frau.

Anerkennung bestehender Beziehungsstrukturen

Wenn die Hunde einer Mehrhundegruppe ohne aktuelle Anwesenheit des Menschen zusammen sind, stellt sich in der Regel sehr schnell eine klare Beziehungsstruktur ein. Hier werden auch Rangpositionen besetzt, d.h. bestimmte Privilegien werden verteilt und anschließend auch bisweilen eingefordert. Auch hier muss die vierbeinige Leitfigur nicht unbedingt mit dem/der Ranghöchsten übereinstimmen, wenn beispielsweise ein älterer, erfahrener Hund, der aber keinen deutlichen

Mehrhundehaltung

Ranganspruch zeigt, einfach nur stabilisierend und beruhigend auf den Rest der Gruppe wirkt.

Die Rangordnungsbeziehungen, die sich in dieser Situation ohne Zutun des Menschen einstellen, sollten tunlichst vom Menschen auch respektiert werden. Tut der Mensch das nicht, und versucht, einen bestimmten Hund sozusagen gegen den Willen der Gruppe ranghöher zu machen, schafft man nur abhängige Dominanzen. Diese funktionieren in der Regel aber nur solange, wie der regelnde Ranghöchste, also der Mensch, anwesend ist. Sobald der Schutzgebende abwesend ist, kippt die Sache, und im Extremfall kann dies auch zu schweren Auseinandersetzungen führen. Sinnvoller ist es, sich mit dieser geregelten Hierarchie abzufinden und sie ggf. auch zu stabilisieren. Dies gilt zumindest dann, wen man erkennt, dass die beteiligten Hunde ein stabiles Beziehungsnetz aufgebaut haben, die Gruppe insgesamt harmonisch agiert, und der Führungsanspruch des Menschen trotzdem nicht in Frage gestellt wird.

Nimmt der Mensch temporär oder situativ Einfluss auf diese entstandene Struktur, wird es in der Regel turbulent für alle Beteiligten. Alle müssen sich wieder neu strukturieren und herausfinden, wie die

Mehrhundehaltung

Regeln aktuell sind. Und ob es tatsächlich zu einer Ablösung einer bisherigen Leitfigur gekommen ist. Es lässt sich folglich nicht darstellen von Heute auf Morgen oder von Jetzt auf Gleich Führungskraft zu werden. Vielmehr ergibt sich aus der Summe der Handlungen und der daraus für die Gruppe entstehenden Konsequenzen, wer von den Mitgliedern der Gruppe als Entscheidungsträger von diesen anerkannt wird. Führungskraft ist man also nicht sondern die anderen machen einen dazu. Denn wen will ich schon führen, wenn keiner da ist, den es interessiert, was ich zu führen gedenke.

Wird ein Hund von der Gruppe sozusagen zur Leitfigur erkoren, so beinhaltet dies in der Regel die Anforderung, auch zum Wohle der Gruppe agieren zu können. Dies bedeutet eben, ähnlich wie wir das bereits für den Menschen festgestellt haben, Situationsübersicht, Gefahrabwehr und andere Dinge zu organisieren, ggf. auch Streitigkeiten zu schlichten bzw. zu regeln, und ggf. jüngere und/oder schwächere Mitglieder zu schützen. Diese Regelung des Beziehungsgefüges sollte der Mensch durchaus, so er einen kompetenten Anführer in seiner Gruppe hat, auch akzeptieren, solange dabei sein eigener, übergeordneter Führungsanspruch nicht ins Wanken gerät.

Einflussnahme in bestehende Rangordnungsbeziehungen – »Problemmenschen«

Zu unterschiedlich stark ausgeprägten Turbulenzen in der Gruppe kann es immer dann kommen, wenn ein Hund von den anderen Gruppenmitgliedern (Hunden) bereits zur Leitfigur bestimmt wurde, die Leitposition von diesem angenommen wurde und nun der Mensch versucht Einfluss zu nehmen, Regeln aufzustellen und auf deren Einhaltung pocht, kurzum für die anderen erkennbar den Anspruch auf die Leitposition erheben möchte.

Einzelne Vierbeiner der Gruppe können ganz leicht in eine konfliktträchtige Situation geraten, wenn der Mensch z.B. auf die Ausführung des Signals Sitz besteht und als Ausführungsort ausgerechnet die Lieblingsschlafstelle von Bello gewählt wurde, der ansonsten recht umgänglich ist es jedoch überhaupt nicht vertragen kann, wenn ein anderes Gruppenmitglied seinen Lieblingsschlafplatz in Anspruch nehmen möchte. Der zum Sitzen aufgeforderte Hund zögert also bei der Ausführung, was dem Menschen missfällt und er seiner Forderung Nachdruck verleiht. Der Hund führt das Signal schneller aus und setzt sich und bekommt ein Lob durch den Menschen, welcher sich aus der Situation entfernt. Sie ahnen schon was als nächstes kommt? Bello wiederum verleiht seiner Forderung seinen Lieblingsschlafplatz gefälligst zu meiden Nachdruck und diszipliniert den sitzenden Hund. Der Mensch wiederum diszipliniert Bello, der ohne für den Menschen ersichtlichen Grund plötzlich ein anderes Mitglied der Gruppe »angefallen« hat.

Willkommen in der Hundeschule mit einem vermeintlich extrem aggressiven Hund, der andere Gruppenmitglieder scheinbar grundlos angreift – schließlich hat das andere Gruppenmitglied ja nur Sitz gemacht. Wohl dem, der jetzt in einer kompetenten Hundeschule gelandet ist, die zunächst die bestehende Gruppenstruktur folgerichtig analysiert und daraufhin den »Problemmenschen« schult – auf dem Weg hin zu einer fairen, souveränen, von den anderen Mitgliedern anerkannten, agierenden Orientierungspersönlichkeit, die jederzeit entscheiden kann, wer wann wo sitzt, aber nicht dauerhaft davon Gebrauch macht, sondern

Mehrhundehaltung

gerade so oft wie nötig und so wenig wie möglich. Bellos Lieblingsplatz aber ist für alle tabu, auch für den Menschen.

Für Hundehalter ist es enorm wichtig sich mit den Vorlieben ihrer Hunde, mit ihren Gewohnheiten, mit ihren Antipathien und ihren Ansprüchen vertraut zu machen. Das Beobachten der Gruppe in unterschiedlichen Situationen und das gezielte Auswerten dieser Resultate ist somit ein unverzichtbares Muss für jeden Mehrhundehalter.

Zweifelsfrei lässt sich an dieser Stelle bereits erkennen, dass eine künstliche Rangordnung herstellen zu wollen, bereits im Ansatz zu Scheitern droht.

Was am Beispiel, der Gabe von Futter, getreu einer vermeintlich zuvor erkannten Rangordnung unter den Hunden, unangebracht wie folgt aussehen würde:

Mensch	(vermeintlich als übergeordneter Rangchef fühlend)	isst zuerst
Bello	(vermeintlich als Ranghöchster Hund identifiziert)	zuerst füttern
Wuffi	(vermeintlich als Mittelrangiger Hund identifiziert)	als zweites füttern
Charly	(vermeintlich als Rangniedrigster Hund identifiziert)	zuletzt füttern

Dank Günther Bloch haben wir hier auch endlich eindeutige Erkenntnisse aus der Forschung an frei lebenden Kaniden, dass es diese gerne publizierte Futterrangordnung eben nicht gibt. Zusätzlich verweisen wir an dieser Stelle auf unsere Ausführungen hinsichtlich der Rangordnungs-/Dominanzbeziehung weiter oben.

Ebenso verhält es sich mit einer Streicheleinheit oder Lob und versprochen, hier können die Folgen der Handlung noch gravierend negativer für das Wohlbefinden jedes einzelnen Gruppenmitgliedes werden. Nämlich genau dann, wenn nach dem bereits zuvor beschriebenen Verfahren vorgegangen wird. Wir ziehen das Beispiel wieder heran:

- der vermeintlich Ranghöchste Bello wird zuerst, extrem überzogen deutlich und zeitlich lange gestreichelt

- danach wird der vermeintlich mittelrangige Wuffi weniger deutlich und im Verhältnis zu Bello weniger dauerhaft gestreichelt

Mehrhundehaltung

- am Ende der Kette steht dann Charly, der vermeintlich rangniedrigste, er wird noch weniger deutlich und sehr kurz gestreichelt

- zum Abschluss bekommt Bello noch eine ausführliche Streicheleinheit, damit er der erste und der letzte war, der gestreichelt wurde und somit in seiner ranghohen Position durch den Menschen unterstützt wird

- die ganze Prozedur ist am Besten noch derart zu gestalten, dass die gesamte Gruppe zusieht.

Können Sie noch folgen? Zugegeben es fällt schwer. Stellen Sie sich nun vor Sie müssten dies in Ihr tägliches Leben mit Hunden integrieren. Sie würden künftig die Streicheleinheiten gruppengerecht und angemessen managen und das bezogen auf Dauer, Intensität und jeweils unter Publikum der anderen Hunde.

Das gleiche Beispiel entsprechend für Lob aufgestellt. Bello, Wuffi, und Charly bekommen die gleiche Aufgabe gestellt. Jeder Hund löst diese mit Bravour auf seine eigene Art.

- Bello bekommt ein voluminöses lang anhaltendes Lob

- Wuffi bekommt ein langes Lob

- Charly bekommt ein knappes Lob

Nun ist es deutlich oder? Charly wird im Laufe der Zeit in der er in dieser Gruppe lebt, ein tristes Leben fristen. Wuffi wird vermutlich irgendwie zurecht kommen und Bello wird ein ebenso stressiges Leben führen wie sein Besitzer.

Die fatale Auswirkung dieses absolut nicht zu empfehlenden Systems dürfte bei Charly durch das dauerhafte Ausbleiben von sozialen Kontakten und Anerkennung im schlimmsten anzunehmenden Fall sogar zu Verhaltensauffälligkeiten führen. Schließlich steht er unter dem dauerhaften Druck sich Streicheleinheiten zu erkämpfen und Höchstleistungen für ein Lob zu vollbringen. Gerade hier bekommt der Gedanke: »auch negatives Verhalten bringt Aufmerksamkeit« eine völlig neue Bedeutung.

Mehrhundehaltung

Wie bereits erwähnt dürfte Wuffi noch am Besten versorgt sein. Er bekommt angemessene Streicheleinheiten bei angemessenem Lob. Wären da nur nicht noch Bello und Charly denen er womöglich »ein Dorn im Auge ist«. Schließlich hätte Charly gerne mehr Streicheleinheiten und Lob und Bello teilt nur noch sehr ungern, wobei er Charly als Streicheleinheiten und Lob stibitzenden wohl gerade noch akzeptieren könnte. Auch Bello hat keine besonders gute Position. Er wird durch den Menschen so wichtig gemacht, dass er leicht glauben könnte, dass er das Wichtigste sei. Warum also teilen? Und was alles tun, um sich die dauerhaft ausgeprägte, gewohnte Aufmerksamkeit des Menschen zu sichern.

Fazit: Alle Beteiligten stehen aus unterschiedlichen Gründen unter enormen Druck und dadurch entsteht Stress. Dauerhafter Stress erzeugt Anfälligkeiten des Immunsystems und/oder Verhaltensauffälligkeiten.

Diese Beispiele machen hoffentlich deutlich, dass eine künstlich hergestellte Ordnung in der Gruppe weder praktikabel noch zu empfehlen ist. Mit gezielter Forderung und Förderung einzelner Mitglieder hat das jedenfalls nichts zu tun. Denn hier kommt kein Gruppenmitglied auf individuelle Forder- und Förderung, die seinem Wohl und somit dem Wohlergehen der Gruppe beiträgt.

Das soziale Gleichgewicht darf nicht verloren gehen

Hunde verlassen sich gerne auf jemanden zu dem sie eine entspannte Beziehung haben. Diese entspannte Beziehung wird durch das Setzen von Grenzen ebenso gefestigt wie durch gemeinsames Spiel und kollektives Kontaktliegen sowie Kuscheln.

- Ja, wir vertreten die Auffassung, dass es wichtig ist in einer Gruppe von Menschen & Hunden Regeln für ein entspanntes Miteinander aufzustellen und auf deren grobe Einhaltung zu achten.

- Und ja, wir sind der Auffassung das Grenzensetzen zum entspannten Miteinander gehört.

- Wir tun nichts, was bei unserer Abwesenheit von den Hunden evtl. aggressiv umgeregelt wird.

Mehrhundehaltung

- Und nein, wir lassen die Hunde nicht alles unter sich regeln. Aber wir geben ihnen in Situationen, aus denen keine erheblichen gesundheitlichen oder mentalen Beeinträchtigungen resultieren, die Möglichkeit dazu. Denn auch unter den vierbeinigen Gruppenmitgliedern tragen derartige Auseinandersetzungen zur Stabilität jedes einzelnen und der Gruppe bei.

Wichtig ist also, dass nach jedem Streit, nach jeder negativen Auseinandersetzung wieder das soziale Gleichgewicht gegenüber dem Einzelnen und der Gruppe hergestellt wird. Was im Klartext bedeutet, dass kein Vierbeiner ausgegrenzt, isoliert wird sondern umgehend wieder in das soziale Gefüge integriert wird. Und diese Verpflichtung besteht von oben nach unten. Die Leitfigur, die Orientierungspersönlichkeit steht also in der Verpflichtung die angespannte Situation wieder zu entspannen und ein Versöhnungsangebot zu offerieren. Zur Entspannung in der Gruppe bieten sich Sozialspiele ebenso an wie kollektives Zusammenliegen, Schmusen an. Die Ausführung dessen dürfte wohl jedem Hundehalter bestens bekannt sein.

Anhaltend sauer sein und den Sozialpartner Hund dies über einen längeren Zeitraum spüren zu lassen ist wahrlich kein probates Mittel und wird von den anderen Gruppenmitgliedern höchstens als Verhaltensauffälligkeit des Menschen gewertet, die es, aus Sicht des Hundes, zu therapieren gilt. Wohl dem Hund, dem eine kompetente Stelle für Problemmenschen bekannt ist zu der er seinen Menschen bringen kann.

In diesem Sinne wünschen wir Ihnen, dass kein Mitglied Ihrer Gruppe Sie jemals auffordert diese Beratungsstelle aufzusuchen, und wir Ihnen mit diesem Beitrag wichtige Tipps und aussagekräftige Informationen für ein entspanntes, dauerhaft harmonisches Zusammenleben in der Gruppe Mensch & Hund vermittelt haben.

Literatur

Gansloßer, U.: *Verhaltensbiologie für Hundehalter.* Stuttgart: Kosmos 2007.

Gansloßer, U.; Sillero-Zubiri (Hrsg.): *Wilde Hunde.* Fürth: Filander 2006.

Häufige Fehler in der Verhaltenstherapie
Unbewusste Konditionierung und mehr

Thomas Baumann

In diesem Fall und vielen weiteren Fällen sollte zunächst nicht an Therapie, sondern vor allem an Erziehung gedacht werden.

Die Behandlung von Erkrankungen beziehungsweise krankhaften Veränderungen wird allgemein als Therapie bezeichnet. Dies gilt für organische Erkrankungen oder für Störungen im Bewegungsapparat gleichermaßen wie für psychische Beschwerden oder Leiden.

Im Umgang und im Zusammenleben mit unserem vierbeinigen Sozialpartner Hund taucht im Zusammenhang mit unerwünschten Verhaltensweisen häufig etwas voreilig und damit zu schnell der Begriff *Problemhund* auf. Für manchen Hundebesitzer ist der eigene Vierbeiner oft schon dann ein Problemhund, wenn nicht sein Hund, sondern er selbst das Gefühl hat, unter dem Verhalten des vierbeinigen Sozialpartners persönlich zu leiden.

Nur geschätzte zehn Prozent der uns als Problemfälle vorgestellten Hunde zeigen tatsächlich therapiewürdige Beschwerden oder Leidensformen im Verhalten. Das bedeutet,

Häufige Fehler in der Verhaltenstherapie

dass rund neunzig Prozent dieser Hunde Verhaltensauffälligkeiten zeigen, unter denen sie im Grunde genommen nicht(!) leiden. Damit sind viel mehr erzieherische Aspekte gefragt als therapeutische.

Durch verschiedenste Umwelteinflüsse begünstigt, kommt es sehr schnell zu unerwünschten Verhaltensweisen des Hundes, die der Zweibeiner nicht tolerieren möchte, dabei aber keine Möglichkeiten zu finden scheint, dieses Verhalten abzustellen.

Klare Abgrenzung zwischen Therapie und Erziehung

So ist beispielsweise ein Hund, der Besucher oder auch Nachbarn drohend anbellt, alles andere als ein Problemhund. Er zeigt unter Umständen zunächst territorial orientiertes Verteidigungsverhalten, nicht mehr und nicht weniger. Wer Schutz für Haus und Hof sucht, sieht das Verhalten dieses Hundes als absolut erwünscht. Wer seinen Vierbeiner immer brav, umgänglich und gegenüber jedem freundlich haben möchte, empfindet aggressives Verhalten als generell störend und somit unerwünscht. Kaum ein Hund, der aggressiv orientiert den Besucher »bittet«, draußen vor der Tür zu bleiben, zeigt therapiewürdige Verhaltensauffälligkeiten. In fast allen Fällen fehlt einfach nur der erzieherische Führanspruch. Wer nicht möchte, dass sein Hund Besucher anbellt, sollte nicht über mögliche Therapien nachdenken, sondern über eine bessere Formulierung seiner erzieherischen Ansprüche. Krisenmanagement darf im häuslichen Bereich nicht Sache des Hundes sein. Den Umgang mit Besuch hat nicht der Hund, sondern sein Besitzer zu regeln.

Abnormes Gedankengut des Menschen macht Hunde krank

Vergleichsweise häufig treffen wir in unserer Arbeit mit Menschen und Hunden auf Zweibeiner, die durch ihr meist unbewusstes Verhalten dem Hund gegenüber dazu beitragen, dass es zu Verhaltensauffälligkeiten kommt, unter denen der Vierbeiner tatsächlich zu leiden hat.

Ein aktuelles Beispiel aus unserer Arbeit zeigt, was mit Hunden geschehen kann, die aufgrund einer abnormen Gedankenwelt ihrer Besitzer in eine Leidenskrise geraten.

Häufige Fehler in der Verhaltenstherapie

Vor wenigen Wochen kam eine junge Frau mit einem fast zweijährigen Kaukasen-Rüden zu uns. Der Grund: die Frau wollte mit ihrem Hund zu einem Tierarzt, um ihn impfen zu lassen. Da sich der Hund allerdings von niemandem anfassen ließ, versuchte Frauchen, ihn an den Maulkorb zu gewöhnen. Doch das ging angeblich nicht, weil sie der Rüde beim Versuch einer Annäherung mit dem Maulkorb warnend angeknurrt habe. Angeblich würde er sie öfters anknurren, wenn er etwas Bestimmtes nicht wolle. Nun erhoffte sich die Frau fachkompetente Unterstützung und war mit dem Hund zu uns gekommen.

Beim Verlassen ihres Autos mit dem Hund war bereits von Beginn an ein hohes Stressaufkommen bei dem Kaukasen festzustellen. Er wirkte, heftig an der Führleine ziehend, äußerst erregt, nervös und sichtlich angespannt. Ein Betreten des Gebäudes unserer Hundeschule war nicht möglich, da der Vierbeiner offensichtlich extrem unsicher gegenüber für ihn ungewohnten Untergründen (gefliester Eingang) reagierte. So führten wir zunächst vor der Tür ein kleines Anamnesegespräch. Bereits hier fiel auf, dass die junge Frau ein völliges Kindchen-Schema gegenüber ihrem Hund zeigte. »Er ist mein Baby und ich liebe ihn abgöttisch« war auszugsweise zu hören.

Auf die Frage, weshalb sich der Hund so nervös und unsicher zeige, kam die Antwort, er sei überhaupt nicht unsicher, nur etwas aufgeregt. Die weitere Frage, welche Ursache es geben könne, dass sich der Hund von Fremden nicht anfassen lasse, wurde sinngemäß so beantwortet: »ich möchte auf keinen Fall, dass jeder meinen Hund anfasst, darauf habe ich schon im Welpenalter viel Wert gelegt. Schließlich erwarte ich von meinem Hund auch, dass er mich beschützt. Er ist deshalb etwas zurückhaltend«.

Eine Aussage, die wir häufig hören und die jedesmal aufs Neue weh tut! Da verhindert ein Hundebesitzer bewusst und somit vorsätzlich die sozialkompetente Entwicklung seines Hundes und wundert sich dann noch darüber, dass der Vierbeiner infolge sozialer Ängste und Unsicherheiten zum sozialaggressiven Angstbeißer wird.

Der Kaukasen-Rüde erwies sich im Rahmen einer kurzen sozialen Beurteilung als extrem unsicher und aggressiv bissig. Ein typischer Angstbeißer, der infolge abnormer Gedankenspiele seiner Besitzerin zu einem offensichtlich gefährlichen Hund heranreifte. Armer Hund!

Häufige Fehler in der Verhaltenstherapie

Erstmalig aufkeimendes Aggressionsverhalten wird häufig ignoriert. Bei vielen Hunden in fataler Erziehungsfehler.

Ich habe der Besitzerin den tatsächlichen Verhaltenszustand ihres Hundes in einer umfassenden und unverblümten Beratung erläutert und sie gebeten, ihre persönlichen Ziele und Bedürfnisse zunächst zu Hause zu überdenken und – aus Liebe zum Hund – neu zu formulieren. Danach sei ich gerne bereit, die therapeutische Arbeit mit ihr und dem Hund zu übernehmen. Sie signalisierte, darüber nachzudenken und hatte sich danach nicht mehr bei mir gemeldet. Das war zu erwarten, denn der Gedanke, dass ihr Hund soziales Vertrauen gegenüber fremden Menschen in einer Therapie gewinnen solle, war völlig konträr zu ihrer eigentlichen Zielstellung »der Hund soll mich ja schließlich beschützen«. Sie ließ den Hund lieber in sozialer Unsicherheit, als ihn zu stärken. Zudem war ja auch der erzieherische Führanspruch von Frauchen (Hund knurrt sie öfters an) mit einem Fragezeichen versehen.

Häufige Fehler in der Verhaltenstherapie

Nur eines von vielen Beispielen, wie tierschutzrechtlich relevantes Leiden eines Hundes tatsächlich und ausschließlich durch Menschenhand entstehen kann. Wirre Gedanken zerstören das soziale Gefüge eines Hundes oder lassen es erst überhaupt nicht entstehen.

Zur Beruhigung eine Tüte Chips?

Wenn es um negativen Stress, Unsicherheiten oder gar Ängste geht, berufen sich verschiedene Hundetrainer zurecht auf Studien und damit verbunden auf Methoden aus der Humantherapie. In der Tat sind dabei häufig Parallelen erkennbar. Doch es gibt auch Vergleiche, die in einer arglosen Übertragung auf die Verhaltenstherapie bei Hunden kritisch anzusehen sind.

So berichtete ein Hundebesitzer mit einem ängstlichen Hund, dass ihm in einer Hundeschule sinngemäß folgendes mitgeteilt wurde: in der Therapie bei Menschen gab es einen Versuch, bei dem zwei Personengruppen einen schockierende Horrorfilm präsentiert bekamen. In der einen Gruppe bekam jede Person eine Tüte Chips, in der zweiten Personengruppe hingegen erhielten die Zuschauer keine »Zutaten«. Tatsächlich waren die Reaktionen der beiden Personengruppen letztlich von unterschiedlicher Ausprägung. Während die Gruppe ohne »Leckerli« motorisch und damit verbunden auch emotional heftig gestresst war, ging die Gruppe mit »Leckerli« etwas stabiler und weniger gestresst aus dem Versuch. Sie fanden während dem Film im Verzehr der Chips einen kompensierenden Ausgleich.

Stress!? Soziale Wärme und Nähe lindern Stress weitaus mehr als eine Leckerli-Fokusierung.

Häufige Fehler in der Verhaltenstherapie

Stress!? Unsichere Hunde orientieren sich bevorzugt an souveränen Besitzern.

Ein sehr kritischer Vergleich, der leider viele Hundetrainer und auch Hundehalter dazu bewegt, unsichere Vierbeiner in allen denkbaren Stresssituationen mit Leckerli zu beruhigen. Obwohl eine augenscheinliche Wirkung nicht zu bestreiten ist, so ist dies nach meinem Dafürhalten sowohl im Umgang mit Kindern als auch im Umgang mit Hunden keinesfalls der optimale Weg!

Zum Vergleich: wenn ich als kleines Kind bei einem Spaziergang mit meinem Papa in für mich unheimliche Situationen geriet (Beispiel: Dunkelheit, Höhlenwanderung oder die Annäherung eines großen Hundes), habe ich mich ausschließlich(!) auf die mental stark wirkenden Führung und Anleitung meines Vaters verlassen. Ich orientierte mich an der Souveränität meines Vorbildes und damit am sozialen Charakter meines Vaters. Eine schreckliche Vorstellung, daran zu denken, mein Vater hätte mir jedesmal Chips oder Bonbons gegeben, um meine für kleine Kinder typische Unsicherheit in den Griff zu bekommen.

Zweifelhafte Therapieansätze

Der oftmals einseitige Versuch einer Beruhigung unsicherer oder gar ängstlicher Hunde über Futtergaben in stressangereicherten Situationen ist der therapeutische Alltag vieler Fachleute. Leider! Nur wenige denken an den wesentlich effektiveren und nachhaltigeren Weg einer Stärkung von sozialen Bindungs- beziehungsweise Beziehungselementen. Futter

Häufige Fehler in der Verhaltenstherapie

sollte lediglich im Einzelfall und vorübergehend ein Brückenglied zur sozialen Annäherung sein, nicht mehr!

Zum Thema soziale Bindung gibt es übrigens bestätigende wissenschaftliche Anregungen. So wird beispielsweise durch soziale Zuneigung und taktile Zuwendung des Hundebesitzers beim Vierbeiner die Produktion des Bindungshormones Oxytocin angeregt. Oxytocin dämpft wiederum die Produktion des Stresshormones Cortisol und wirkt sich deshalb positiv in der Stressbewältigung aus.

Dies lässt sich übrigens in der Praxis durch Erfahrungen mit TTouch® oder auch mit La-Ko-Ko® belegen.

Im Ergebnis und nach persönlicher Erfahrung und Überzeugung darf es im Umgang mit unsicheren Hunden nicht darum gehen, den Vierbeiner mit Futtergaben an einem Konflikt vorbei zu manövrieren. Dies zielt in Richtung Konfliktvermeidung und hilft – wenn überhaupt – nur eingeschränkt. Stattdessen sollte künftig in der Verhaltenstherapie anstelle der Konfliktvermeidung viel mehr Wert auf Konfliktbewältigung unter Zugabe sozialer Unterstützung gelegt werden.

Es ist ein Unterschied, ob sich ein unsicherer Hund bei Stress hilfesuchend an die Futtertasche wendet oder ob er mit gewiss nachhaltigeren Therapieerfolgen auf die soziale Nähe seines Besitzers vertraut.

Häufige Fehler in der Verhaltenstherapie

Im Folgenden geht es um die Wertung therapeutischer Maßnahmen zur Stabilisierung verhaltensauffälliger Hunde. Dass hierbei offensichtliche Fehler nicht nur geschehen, sondern sogar propagiert werden, geschieht zum Leidwesen zahlreich betroffener Hundebesitzer.

Therapiefehler durch die Handlungsketten-Konditionierung

Bevor wir uns mit dem Thema Therapie beziehungsweise Verhaltensänderung bei schwierigen Hunden näher befassen, möchte ich aus gegebenem Anlass auf einen teilweise mit schwerwiegenden Folgen versehenen Therapiefehler hinweisen, die Konditionierung von so genannten Handlungsketten.

Dieser Fehler geschieht nahezu immer unbewusst und ihm ist zu verdanken, dass viel zu viele Hunde nach unterschiedlichen Therapiezeiträumen als »austherapiert« gelten. Bemerkenswert ist in diesem Zusammenhang der Umstand, dass dieser Therapiefehler als Standardmodell zahlreicher Trainer, Verhaltensberater beziehungsweise Verhaltenstherapeuten gilt. Dabei sollte doch jedem schnell klar werden, dass diese Form der Therapie in fast allen Fällen nur scheinbar zur Reduktion unerwünschter Verhaltensweisen führt. Eine nachhaltige Verbesserung von Hundeverhalten ist nur in seltenen Fällen erreichbar.

Doch was genau ist eine Handlungsketten-Konditionierung? Das nachfolgende Bild, in Verbindung mit einem Beispiel aus der Praxis, gibt Aufschluss darüber.

Schäferhund-Mischling Tim zeigte ausgeprägtes Aggressionsverhalten gegenüber fremden Menschen.

Seine Besitzerin suchte daraufhin fachlichen Rat und bekam einen Vorschlag für einen angeblich bewährten Therapieerfolg.

Ihr Hund wurde in den offenen Kofferraum des Autos verbracht und dort zur Sicherheit angeleint. Frauchen befand sich stehend auf der linken Seite des Kofferraumes. Sie hielt in der einen Hand einen Klicker und in der anderen Hand Leckerli für den Hund. Anschließend bewegte sich eine für den Hund fremde Person in die Nähe der rechten Seite des Kofferraumes und das Szenario begann.

Der im Kofferraum angeleinte Hund zeigte bei der Annäherung der Fremdperson sofort ausgeprägtes Aggressionsverhalten (1). Die

Häufige Fehler in der Verhaltenstherapie

Fremdperson blieb daraufhin in zirka zwei Meter Entfernung vor dem Hund stehen.

Konditionierung verflixter Handlungsketten

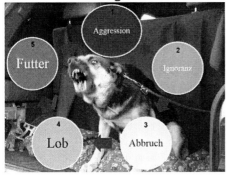

Die Besitzerin von Tim erhielt die Weisung, das aggressive Verhalten ihres Hundes völlig zu ignorieren und einfach ruhig stehen zu bleiben (2). Sobald Tim einen Verhaltensabbruch zeigte und somit eine »Aggressionspause« einlegte (3), sollte Frauchen den in ihrer einen Hand befindlichen Klicker betätigen. Da der Hund bereits auf den Klicker vorkonditioniert war, wandte sich Tim sofort nach dem vertrauten Klickgeräusch seinem Frauchen zu. Diese lobte ihn dafür ausgiebig (4) und gab ihm abschließend zur Belohnung ein Leckerli (5).

Auf den ersten Blick, und nur auf den ersten Blick, erweist sich diese Therapieform als durchaus geeignet, unerwünschtes Aggressionsverhalten erfolgreich abzubauen. Der Gedanke dabei: der Abbruch von unerwünschten Verhaltensweisen (Aggressionen) führt zu Lob und Bestätigung. Die Zielstellung: der Hund soll irgendwann beim Erkennen einer Fremdperson keine Aggression mehr zeigen, sondern sich sofort der Besitzerin zuwenden, wenn sich eine Fremdperson nähert.

Doch bei sehr vielen Hunden bleibt leider dieser Wunsch nicht mehr als der Vater des Gedanken!

Stattdessen wird häufig eine so genannte Handlungskette konditioniert, die dem Hund etwas ganz anderes lehrt. Auch bei Tim war das so. Nach über einem halben Jahr überflüssigem Training war die Besitzerin von Tim von immenser Ratlosigkeit geprägt. Es wurde und wurde einfach nicht wesentlich besser. Zwar traten Tims Aggressionen nicht mehr in der anfänglichen Heftigkeit auf aber von einem erhofften Wandel des unerwünschten Verhaltens war nichts zu erkennen.

Häufige Fehler in der Verhaltenstherapie

Lernbiologisch alles verstanden und umgesetzt

Warum funktioniert diese häufig anzutreffende Form der Verhaltenstherapie in sehr vielen Fällen nicht? Nun, weil Tim wie viele weitere Hunde auch diese Form des Lernens aus seiner Sicht »richtig« verstanden hat und entsprechend umsetzt. Tim hat gelernt, dass die von ihm erhoffte Bestätigung durch ein Leckerli der fünfte und somit abschließende Punkt einer zusammenhängenden Verhaltens- oder auch Handlungskette ist. Somit konzentriert sich Tim darauf, die vorausgehenden vier Punkte (Aggression, ignorierendes Verhalten der Besitzerin, Abbruch und Lob) immer wieder aufs Neue zu produzieren. Sehr schnell hat er gelernt, dass der Weg zur Futterbestätigung mit aggressivem Verhalten beginnt. Der Start der Handlungskette ist somit auch künftig die Aggression und das Ende der Verhaltenskette die Futterbestätigung. Um das Leckerli zu bekommen, muss Tim erst einmal Aggressionsverhalten zeigen.

Vorsicht! Der pauschale Rat, Aggressionsverhalten des Hundes zu ignorieren, kann in eine gefährliche Sackgasse führen.

Zwar lässt erfahrungsgemäß die Intensität der Aggression nach, sie bleibt aber meist als ritualisierte Anfangshandlung erhalten.

Die Erfahrung zeigt, dass dieses sehr zweifelhafte Vorgehen in der Verhaltenstherapie nur bei Hunden funktioniert, die ein geringfügig ausgeprägtes Aggressionsverhalten gegenüber Fremdpersonen aufweisen. Das bedeutet, dass diese Hunde beim Erblicken einer Fremdperson die Punkte 1 bis 3 (Aggression, Ignorieren, Abbruch) der Handlungskette tatsächlich weglassen und sich beim Erblicken einer Fremdperson sofort den Punkten 4 und 5 (Lob und Futterbestätigung) zuwenden.

Häufige Fehler in der Verhaltenstherapie

Bei ausgeprägt aggressiven Hunden hingegen gibt es nur sehr wenige Fälle, die mit einem nachhaltigen Erfolg versehen sind.
Das Beispiel Tim lässt sich auf zahlreiche weitere Alltags-Situationen übertragen.
Ein Hund zeigt sich beispielsweise aggressiv an der Leine bei Hundebegegnungen. Er zerrt und zieht laut bellend an der Leine den entgegenkommenden Hund an. Der Besitzer bleibt stehen, ignoriert das aggressive Verhalten und wartet, bis der Hund sein Verhalten abbricht. Daraufhin lobt der Besitzer seinen Hund (scheinbar für den Abbruch) und gibt ihm ein Leckerli. Erneut eine sehr kritische Vorgehensweise, die in vielen Fällen Aggressionsverhalten als Ritualstart auslöst.
Oder zu Hause das Verbellen von Passanten am Gartenzaun. Der Hund rennt aggressiv bellend an den Zaun, wird vom Besitzer ignoriert, bricht ab, kommt zum Besitzer und bekommt sein Leckerli. Auch hier wird für viele Hunde nicht der Abbruch belohnt, sondern die Position vorher, das aggressive Anbellen des Passanten.

Krisenmanagement darf nicht Sache des Hundes sein

Wir haben in unserer täglichen Arbeit mit Hunden häufig mit fehlkonditionierten Hunden zu tun, die als »Opfer« einer Handlungsketten-Konditionierung vorstellig werden. Dabei kommen wir in den meisten Fällen zu einem übereinstimmenden Ergebnis: konsequentes und autoritäres Verbieten aggressiver Verhaltensweisen ohne Brutalität, Geschrei oder übertriebene Gewaltakte durchbricht die Handlungskette effektiv und nachhaltig. Krisenmanagement in Stresssituationen darf nicht Sache des Hundes sein, dies muss durch einen souveränen und autoritären Führanspruch des Besitzers sichergestellt werden können.
Gelingt es überzeugend, Aggression nicht zu ignorieren, sondern schlicht und einfach zu verbieten, dann haben es Hunde wie unser Tim viel einfacher. Sie lernen, dass sie Lob und Bestätigung bekommen, wenn sie auf Aggression verzichten.
Doch gerade das Blockieren und Verbieten aggressiver Verhaltensweisen ist in unserem scheinbar so modernen Hundewesen schon vor Jahren heftigst ins Gerede gekommen.
Auseinandersetzungen mit dem Hund, das Anwenden von Zwängen, der Leinenruck, Genick- oder Schnauzengriff werden als »alte Zöpfe«

Häufige Fehler in der Verhaltenstherapie

Bei besonders kritischen Hunden ist ein autoritärer und souveräner Führanspruch des Besitzers alternativlos.

abgetan, die man um Gottes Willen nicht mehr anwenden sollte. Mit dem Produkt dieser stark ideologischen Einstellung haben immer mehr Hundebesitzer und deren Vierbeiner zu kämpfen.

Dabei steht nach persönlicher Überzeugung zweifelsfrei fest: das ständige Propagieren einer zwangfreien Erziehung und Ausbildung von Hunden ist verantwortlich für das Leid von immer mehr Hunden in unserer Gesellschaft!

Extrem brutaler und tierschutzrechtlich bedenklicher erzieherischer und ausbilderischer Umgang mit Hunden verschwindet zunehmend und das ist gut so.

Doch die angeblich so modernen Strukturen eines zwangfreien Umgangs mit Hunden entwickeln sich mit ähnlich fatalen Auswirkungen wie die Brutalo-Erziehung. Nur verlagern sich Schmerzen und Leiden stressbedingt immer mehr vom Körper des Hundes auf dessen Psyche.

Häufige Fehler in der Verhaltenstherapie

»Angst essen Seele auf«

Im Folgenden beschäftigen wir uns mit tatsächlich therapiewürdigem Verhalten und beginnen dabei mit besonders unsicheren oder gar ängstlichen Hunden.

Der Titel des berühmten Fassbinder-Films »Angst essen Seele auf« spiegelt die tatsächliche Tragik wider, die ein »beseeltes« Wesen wie Mensch oder auch Hund erfährt, wenn er von Ängsten geplagt wird.

Doch wann gilt ein Hund als unsicher und wann ist er als ängstlich und somit therapiewürdig zu bezeichnen. In diesem Zusammenhang gibt es Definitionen und Interpretationen, bei denen vor einer pauschalen Verwendung gewarnt werden muss. Je mehr versucht wird, Angstverhalten zu kategorisieren, umso mehr entstehen Irrtümer bei der Beurteilung von aufgezeigten Verhaltensweisen.

Gerade, wenn es um die wichtige Unterscheidung zwischen Angst und Unsicherheit geht, können kategorisierte Aspekte in die Irre führen.

Häufige Fehler in der Verhaltenstherapie

So ist zum Beispiel die pauschale Aussage ›*Bei einem Gefühl der Unsicherheit nimmt der Hund noch Leckerli, bei Angstempfinden hingegen nicht mehr*‹ falsch.

Eine Vielzahl von Hunden nimmt bereits bei Unsicherheit kein Leckerli mehr, weshalb diese Hunde nicht pauschal als ängstlich beziehungsweise therapiewürdig bezeichnet werden dürfen.

Oder: Angstempfinden führt bei Hunden zur typischen Reaktionen wie Flucht oder Angriff. Als pauschale Merkmale für Angstempfinden sind diese Verhaltenskonsequenzen ebenfalls nicht tauglich. So kann eine Flucht- oder Angriffsreaktion auf einen bestehenden Außenreiz als abrufbare Strategie auch bei Hunden beobachtet werden, die k e i n e Angst empfinden, sondern ganz einfach einem erlernten und bewährten Automatismus folgen, um Konflikten zu entgehen. Dieses Verhalten wird somit auch von »nur« schreckhaften oder unsicheren Hunden gezeigt, die nicht ängstlich sind, sondern einen rational gesteuerten (und beschleunigten) Rückzug bevorzugen.

Weiterhin werten Hundehalter aber auch –trainer Körperzittern, verstärktes Hecheln oder gar zunehmend erkennbaren Schuppenbefall auf dem Haarkleid des Hundes als angeblich typische Angstsymptome. Wie die Praxis zeigt, werden damit häufig und unüberlegt allgemeine Stresssymptome dem Angstverhalten zugeordnet. Werden diese und weitere Beurteilungsfehler bereits in der Diagnostik gemacht, kommt es demzufolge auch häufig zu wenig wirksamen oder gar kontraproduktiven Trainings- oder Therapiemaßnahmen.

Angst = nicht zu bewältigender Stress

Die für uns Praktiker äußerst wertvollen Forschungsarbeiten eines der weltweit erfolgreichsten und bekanntesten Ethologen, Ádám Miklósi, Budapest, können uns bei der Beurteilung von tatsächlichem Angstverhalten wohl besser weiterhelfen, als kategorisierte Definitionen oder gar ideologisch geprägte Ansichten.

Miklósi sieht in seinen Forschungsarbeiten deutliche Parallelen zwischen dem menschlichen und dem hündischen Sozialempfinden. Aus diesen Forschungsarbeiten lässt sich die Überzeugung stärken, dass Menschen und Hunde ein nahezu übereinstimmendes Empfindungsvermögen bei Stress haben. Das macht es uns Menschen viel einfacher, die

Häufige Fehler in der Verhaltenstherapie

Unsicherheit oder auch Angst eines Hundes besser zu verstehen. Wir können es nämlich durchaus nachempfinden.

Fast alle Menschen wurden in ihrem Leben schon mit Angstverhalten konfrontiert. Angst ist Stress, der im Empfindungszeitraum nicht bewältigt werden kann. Angst lähmt, Angst hemmt, Angst nimmt jegliche Möglichkeit einer rationalen Konfliktlösung. Angst gleicht dem völligen Absturz des Betriebssystems eines Computers. Ganz gleich, welche Taste nun gedrückt wird, nichts geht mehr, Programme sind nicht mehr abrufbar.

Bei einem von Angst geplagten Hund ist eine erhoffte Ansprechbarkeit nicht mehr gegeben. Weder Leckerli noch lobende, tröstende oder korrigierende Worte und Maßnahmen finden Zugang. Ganz im Gegenteil: wer seinen Hund bei Angstverhalten tröstet oder durch irgendwelche Maßnahmen korrigieren möchte, riskiert letztlich dadurch eine Verstärkung des Angstempfindens.

Kein Angstempfinden, sondern alterstypische Unsicherheit, gepaart mit Neugierde, bei einem Labrador-Welpen

Häufige Fehler in der Verhaltenstherapie

Über effektive Vorgehensweisen bei Angstempfinden wird in der Folge noch berichtet.

Unsicherheit = bewältigbarer Stress

Die meisten Hunde, denen Angstempfinden unterstellt wird, sind mehr oder weniger unsichere Vierbeiner, die auslösenden Reizen durchaus mit Symptomen wie Körperducken, Abwenden, Zittern, Hecheln oder Schuppenbildung begegnen können, dabei aber ihre Ansprechbarkeit nicht verlieren. Unsichere Hunde sind meist auch in der Lage, sich mit dem auslösenden Reiz auseinander zu setzen. Dies kann unter anderem durch deutliches Fixieren, Anbellen, Umschleichen oder einfach nur Distanzwahrung geschehen.

Es ist in diesem Zusammenhang wenig sinnvoll, bei der Verhaltensbeurteilung eines Hundes Angst und Unsicherheit strikt voneinander zu trennen. Oftmals finden auch Übergänge statt, die von unsicherem Empfinden in Angstempfinden führen können und umgekehrt. In jedem Fall sollten aber die Unterschiede zwischen Angst und Unsicherheit erkannt werden können.

Erfolgs-Prognosen bei Angst und Unsicherheit

Bei unsicheren Hunden sind die Prognosen für eine Verhaltensstabilisierung ausgesprochen hoch. Da bei unsicheren Hunden die Ansprechbarkeit noch gegeben ist, tragen zielgerichtete Desensibilisierungsmaßnahmen meist schnell und häufig nachhaltig gute Früchte.

Bei tatsächlich ängstlichen Hunden hängt die Prognose zur Verhaltensstabilisierung von einer ganzen Reihe verschiedenster Faktoren ab. Neben der genetischen Disposition sind die sozialen Haltungs- und Umgangsbedingungen sowie der physische Zustand (Kondition, Gesundheit) und das sonstige Umfeld in jedem einzelnen Fall individuell zu berücksichtigen.

Beruhigungsmittel mit Vorsicht genießen

Bei betroffenen Vierbeinern sollte übrigens der tiermedizinische Aspekt weder außer Acht gelassen noch überbewertet werden.

Häufige Fehler in der Verhaltenstherapie

Ich beklage in diesem Zusammenhang zunehmend das Verhalten vieler Tierärzte im gesamten deutschsprachigen Raum, die mit dem Begriff Verhaltenstherapie viel zu schnell und viel zu häufig den medikamentösen Eingriff an verhaltensauffälligen Hunden favorisieren.

Wir werden vergleichsweise oft in Training und Therapie mit Hunden konfrontiert, die im Vorfeld bereits über erschreckend lange Zeiträume mit Antidepressivum (Stimmungsaufheller) oder verschiedensten Beruhigungsmitteln »behandelt« wurden.

Wenig überraschend ist deshalb der derzeit steigende Umsatz der Pharmaindustrie durch Produktion und Vertrieb von Arzneimitteln für Hunde. Erschreckend dabei: es werden für Menschen nicht zugelassene Pharmaprodukte »wiederbelebt«, die in einer Verwendung bei Hunden nicht die hohen Zulassungskriterien erfüllen müssen.

Immer mehr Besitzer verhaltensauffälliger Hunde vertrauen medikamentöser Abhilfe, ohne sich über Risiken und Nebenwirkungen Gedanken zu machen.

Dieser makaber anmutende Umstand sollte den Besitzern von Hunden beim schnellen Griff zur Tablette zu denken geben. Zumal damit verbundene Risiken und Nebenwirkungen meist erst mittel- und langfristig erkennbar werden.

Eine medikamentöse Unterstützung bei unsicheren oder ängstlichen Hunden kommt nach persönlicher Erfahrung deshalb nur in begründeten Ausnahmefällen in Betracht.

Häufige Fehler in der Verhaltenstherapie

Ansätze für Training und Therapie

Ganz gleich, welche Maßnahmen ergriffen werden, um einem unsicheren oder gar ängstlichen Hund zu einer Stabilisierung des Verhaltens zu helfen, stets sollte auf Variabilität und Flexibilität geachtet werden. Das bedeutet, jede Handlung muss abhängig vom jeweiligen Mensch-Hund-Team erfolgen. Patentrezepte darf es dabei nicht geben.

In Training und Therapie muss ein wesentlicher Schwerpunkt darin liegen, Übungen zum Stressabbau bei Unsicherheit oder Angst so zu gestalten, dass die Konfliktbewältigung im Vordergrund steht, und keinesfalls die Konfliktvermeidung.

Ein Hund, der sich vor Artgenossen fürchtet, kann niemals sozialkompetent werden, wenn er von Artgenossen ferngehalten wird (Konfliktvermeidung). Er muss stattdessen durch individuelles und sensibles Vorgehen mit Artgenossen zusammengeführt werden (Konfliktbewältigung). Nur so lassen sich Unsicherheiten oder Ängste abbauen.

Hierbei sind in der Humantherapie ganz deutliche Parallelen im therapeutischen Umgang mit ängstlichen Menschen zu finden.

In der Herangehensweise finden sich dabei im Hundewesen sehr unterschiedliche Auffassungen, die teilweise mit nachweisbaren beziehungsweise nachvollziehbaren Fehlern behaftet sind. Daran ändert auch die Tatsache nichts, dass diese Fehler sogar in den TV-Medien als empfehlenswert propagiert werden.

So werden immer wieder sozial unsichere oder ängstliche Hunde an Artgenossen unter Einbeziehung von ablenkenden Hilfsmitteln (Spielzeug, Futter) herangeführt mit der Aussage: »Jedesmal, wenn Ihr Hund den anderen Hund erblickt, nehmen Sie sein Spielzeug aus der Tasche und animieren damit Ihren Vierbeiner zum Spielen«.

Diese unglückliche und fragwürdige Mischung aus Konfliktvermeidung (durch Ablenkung) und Konfliktbewältigung ist ein überflüssiger, umständlicher und häufig von Erfolglosigkeit geprägter Umweg, der im Einzelfall sogar mit unerwünschten Nebenwirkungen versehen ist.

Der Abbau von sozialen Unsicherheiten und Ängsten gegenüber Artgenossen lässt sich auf einem anderen Weg wesentlich effektiver und nachhaltiger erreichen.

Häufige Fehler in der Verhaltenstherapie

Konfliktbewältigung anstelle Konflliktvermeidung

Vieles hat die Therapie an Hunden mit der Therapie an Menschen gemein. Hier gleich zwei der wesentlichsten gemeinsamen Schnittstellen:

- Konfliktvermeidung ist einer der kritikwürdigsten und unzuverlässigsten Wege, Unsicherheiten und Ängste nachhaltig abzubauen.
- Konfliktbewältigung ist der sicherste Garant für eine gewünschte Verhaltensstabilisierung. Nur über eine gezielte Strategie zur Konfliktbewältigung lassen sich Ängste und Unsicherheiten nachhaltig abbauen.

Werden einem sozial unsicheren Hund in der Begegnung mit Artgenossen Futter oder gar Spielzeug angeboten, so erfolgt der häufig untaugliche Versuch, Konfliktbewältigung durch konfliktvermeidendes Alternativverhalten (Fressen/Spielen) zu erreichen. An einem Beispiel wird schnell klar, was dies letztlich in Bezug auf den erhofften therapeutischen Erfolg bedeuten kann:

Unlängst wurde im Fernsehen das soziale Problem eines unsicheren, mittelgroßen Hundes bei der Begegnung mit einem großen Hund aus der Nachbarschaft dargestellt. Der große Nachbarhund, eine Deutsche

Häufige Fehler in der Verhaltenstherapie

Dogge, wirkte angsteinflößend auf den kleineren Hund, obwohl der »Riese« einen sanften Charakter und in keiner Weise schlechte Absichten hatte. Der Kleinere traute sich allerdings an den Großen nicht ran. Er erschrak bei jeder Annäherung und zeigte sich stark verunsichert. In dieser Fernsehsendung erging die Empfehlung an den Besitzer des unsicheren Hundes, jedesmal beim Erblicken des großen Hundes das Lieblingsspielzeug aus der Tasche zu nehmen und dem eigenen, unsicheren Vierbeiner, per Spiel besser aus der vermeintlich prekären Situation zu helfen. In diesem Fall ein denkbar schlechter Rat, denn mit solch einer Maßnahme wird der gewünschte therapeutische Erfolg, die Erlangung von sozialer Stabilität und Sicherheit, mehr als in Frage gestellt. Es ist bedenkenswert, wenn Hundetrainer in Medien solche Maßnahmen als empfehlenswerte Standards vorstellen.

Sozial schwach und unsicher! Doch was hilft nun am besten?

Was passiert denn genau genommen, wenn ein unsicherer Hund bei der Konfrontation mit einem Konfliktherd beispielsweise durch Spielzeug abgelenkt wird? Durch das Anbieten von Spielzeug erfolgt der Versuch einer Fokus-Umlenkung, um den konfrontierenden Außenreiz abzuschwächen. Man kann dabei durchaus von einer Signal-Kollision zwischen einem negativen und einem positiven Reiz sprechen, was durch die bildliche Darstellung auf der folgenden Seite verdeutlicht wird.

Die oftmals vorgegebene Zielstellung, den unsicheren Hund durch diese Form der Therapie sozial sicherer und stabiler zu entwickeln, basiert auf eher ideologischen als auf verhaltenswissenschaftlichen Erkenntnissen. Methodisch ergeben sich in der Tat bei einigen Hunden Verbesserungen in der Stressbewältigung. Die Unsicherheit gegenüber Artgenossen bleibt

Häufige Fehler in der Verhaltenstherapie

aber definitiv bestehen, denn aus einem Spiel mit dem Ball beim Besitzer können nun mal keine Sozialkompetenzen gegenüber Artgenossen entwickelt werden.

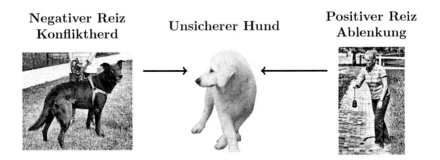

Negativer Reiz   **Unsicherer Hund**   **Positiver Reiz**
Konfliktherd   **Ablenkung**

Niemand kann und darf bestreiten, dass beim Anblick eines furchteinflößenden Artgenossen die Beschäftigung mit Futter oder Ball stresslindernd sein kann. Doch mehr als eine Erste-Hilfe-Maßnahme ist das nicht und vor allem - es ist keine sozialtherapeutische Maßnahme.

Stresslinderung ist in dieser häufig praktizierten Form einer angeblichen Therapie nichts anderes als Symptombekämpfung durch eine Verlagerung von Konzentration und Fokus des Hundes auf eine für ihn angenehmere Gefühlsebene. Da aber der Fokus vom anderen Hund abgelenkt wird, handelt es sich keinesfalls um eine tatsächliche Sozialtherapie.

Sozialtherapie findet erst dann statt, wenn innerhalb der Therapie auch soziale Kommunikation zwischen Sozialpartnern entsteht beziehungsweise Kommunikation gefördert wird. Spielzeug und Futter stellen sich dabei eher als Hindernisse dar.

Abhängig von der individuellen, emotionalen Verfassung des unsicheren Hundes können bei Futter- oder Spielzeugablenkung folgende Beispiel-Szenarien geschehen:

1. Der negative Reiz (Artgenosse) überwiegt so stark, dass der positive Reiz (Spielzeug, Leckerli) keinen Zugang zum unsicheren Hund findet. Hochgradiger negativer Stress blockiert die Öffnung für Alternativverhalten (Spielen, Fressen). Ablenkungsversuche laufen damit ins

Häufige Fehler in der Verhaltenstherapie

Leere. Dabei muss es sich nicht einmal um einen ängstlichen Hund handeln. Auch hocherregte und »nur« unsichere Hunde können sich gegenüber positiven Reizen gänzlich verschließen.

2. Der positive Reiz (Spielzeug, Leckerli) findet tatsächlich Akzeptanz beim unsicheren Hund. Er wendet sich vom Konfliktherd ab und verschließt sich somit gegenüber dem negativen Reiz (Artgenosse). Konfliktvermeidung anstelle Konfliktbewältigung hat aber in diesem Fall keinen therapeutischen Erfolg.

3. Dem positiven Reiz (Spielzeug, Leckerli) folgt vereinzelt bei unsicheren Hunden Ressourcenverhalten, das dieser bei einer weiteren Annäherung des Artgenossen in Ressourcenverteidigung und damit in ein erhöhtes Aggressionsverhalten kanalisiert. Ein zwar seltener, aber dennoch immer wieder auftretender Umstand, der Hundehalter verzweifeln lässt. Durch die gutgemeinte Ablenkung erhöht sich das Stressverhalten sogar noch.

Im Ergebnis dieser Betrachtung kann der Ablenkung durch Spielzeug oder Futter nur ein einziger positiver Aspekt abgewonnen werden. Bei manchen Hunden (Beispiel 2) erfolgt dadurch eine Stresslinderung, das heißt, sie können die konfliktträchtige Hundebegegnung besser bewältigen.

Wer keine weiteren Ansprüche stellt, mag sich damit zufrieden geben. Eine Verbesserung der Sozialkompetenz ist allerdings kaum zu erwarten und Hundebegegnungen bleiben weiterhin für Hund und Besitzer emotional bedrückend.

Konfliktbewältigung kann so einfach sein

Nehmen wir nochmals das Fernseh-Beispiel des unsicheren, mittelgroßen Hundes, der gegenüber dem großen Nachbarshund starke Unsicherheiten zeigt. Da es sich bei dem Großen um einen aggressionsfreien und sozial unauffälligen Hund handelt, müssten sich die Besitzer des unsicheren Hundes keine Gedanken zu irgendwelchen Ablenkungsstrategien machen. Spielzeug oder Futter sind tabu, da nicht nur unnötig, sondern sogar hindernd.

Häufige Fehler in der Verhaltenstherapie

Bei der Beurteilung von Unsicherheiten oder Ängsten ist stets auch die Rassezugehörigkeit zu berücksichtigen. Hier ein Vertreter der bekanntermaßen als verhaltensunsicher geltenden Hunderasse Tschechoslowakischer Wolfshund

Stattdessen kann bei solchen und ähnlichen Sachverhalten sofort und meist mit sehr nachhaltigem und vergleichsweise schnellem Erfolg in die Konfliktbewältigung übergegangen werden.

Das konkrete Vorgehen beruht dabei auf der sehr soliden und logischen Basis einer jeden sozial orientierten Verhaltenstherapie, ganz gleich, ob es sich dabei um Mensch oder Hund handelt.

Diese Basis verfolgt zunächst das Ziel einer Reizschwellenerhöhung durch Gewöhnung. Der vorliegende Konfliktherd (Artgenosse) soll – bei entsprechender Anfangsdistanz – bewusst(!) und ohne Ablenkung wahrgenommen werden. Dabei wird anfangs der Konfliktherd auf Distanz gehalten.

Bezogen auf unsere beiden Hunde wird der Besitzer des großen Hundes aufgefordert, bei einem Spaziergang zirka 10 bis 20 Meter vor dem sozial schwachen Hund zu gehen. Der unsichere Hund verfolgt

Häufige Fehler in der Verhaltenstherapie

quasi den Konfliktherd, geführt durch seinen Besitzer in angemessenem Abstand. Nun bleibt es nicht aus, dass er dabei die visuelle Erscheinung und die individuellen Gerüche des Artgenossen permanent wahrnimmt. Wichtig ist jetzt nur, dass der vorausgehende Vierbeiner ruhig und sicher geführt wird, damit er sich nicht einfach umdrehen und auf den unsicheren Hund zulaufen kann.

Erfahrungsgemäß erfolgt bei den allermeisten Hunden innerhalb weniger Spazierminuten die erste erkennbare Reizschwellenerhöhung. Der sozial unsichere Hund wird zunehmend gelassener und sicherer, obwohl er einer permanenten – wenn auch schwachen – Konfrontation ausgesetzt ist.

Die Erhöhung der Reizschwelle wird selbst für ungeübte Betrachter relativ schnell sichtbar.

Und selbstverständlich gilt weiterhin: keine Ablenkungsmaßnahmen durch Spielzeug oder Futter!

Mit dieser zunehmenden Sicherheit kann die Distanz zum vorausgehenden Hund innerhalb kürzester Zeit auf zwei bis drei Meter reduziert werden.

Ist der unsichere Vierbeiner dann so dicht dran, beginnt der nächste Abschnitt mit der überaus wichtigen unterstützenden Phase seines Besitzers.

Erhöhung der sozialen Reizschwelle

Auf dem bereits mehrere Minuten andauernden Spaziergang gewöhnt sich ja der unsichere Hund zunehmend an die Anwesenheit des vor ihm gehenden, vermeintlichen Konfliktpartners. Er kann dessen Bewegungen und Erscheinungsbild beobachten und nimmt die ganze Zeit über dessen Gerüche wahr. Da sich der andere Hund nicht auf ihn zu- sondern von ihm wegbewegt, traut sich der unsichere Vierbeiner immer näher und meist auch immer neugieriger heran. Dabei sind wir schon mittendrin in der erfolgversprechenden Konfliktbewältigung. Nun erfolgt der wichtige Einsatz seines begleitenden Besitzers: Jeder Versuch einer Kontaktaufnahme, jedes neugierige Bemühen einer Annäherung durch den unsicheren Schützling, wird sozial motivierend durch den Hundebesitzer bestätigt. Mit lobenden Worten wird das Verhalten des Vierbeiners immer und genau zur richtigen Zeit stimulierend verstärkt.

Häufige Fehler in der Verhaltenstherapie

Einvernehmliche Zielstellung: soziale Harmonie anstelle von Unsicherheiten oder gar Ängsten

Weicht der Schützling zurück, wird das Loben eingestellt, traut er sich wieder ran, wird wieder gelobt.

Ab einem gewissen Punkt ist die Distanz so gering, dass auch das erste nebeneinander Hergehen möglich wird. Selbstverständlich kontrolliert der Führer des sicheren Hundes seinen Vierbeiner immer noch so, dass dieser nicht plötzlich spielerisch motiviert auf den unsicheren Vierbeiner zulaufen kann. Durch die vorhergehende und zeitlich relativ lange Gewöhnung an die Anwesenheit des vermeintlichen Konfliktpartners geht von dieser Stelle an alles meistens sehr schnell.

Unerwartet schnelle Erfolge

Die meisten betroffenen Hundebesitzer sind sichtlich überrascht, wie schnell und letztlich unspektakulär sich ihr unsicherer Vierbeiner

Häufige Fehler in der Verhaltenstherapie

plötzlich mit dem zuvor gefürchteten Artgenossen versteht. Werden anfangs die sozialen Aktivitäten des sozial sicheren Hundes kontrolliert beziehungsweise sanft gebremst, entstehen so innerhalb kürzester Zeit Hundefreundschaften, die unter Einbeziehung von ablenkenden Leckerli- oder Spielzeug nicht oder zumindest nie so schnell entstehen könnten. Soziale Unsicherheiten oder gar Ängste können nur in sozialen Begegnungen aufgelöst werden. Ablenkende Außenreize sind fehl am Platz und hemmen diese positive Entwicklung.

Nur wenn – aus welchen Gründen auch immer – soziale Kontakte zwischen zwei Hunden nicht möglich sind (Beispiel: einer von beiden agiert aggressiv), kann stresslindernde Ablenkung durch Futter oder Spielzeug deeskalierend wirken. Wobei wir auch in diesen Fällen ein sozial souveränes und ruhiges Vorbeiführen der Ablenkung durch irgendwelche Hilfsmittel vorziehen. Zumal auch dadurch das Restrisiko einer eventuell aufkeimenden Ressourcen-Aggression nicht gegeben ist.

Was tun bei Angst vor Menschen?

Bei sozialen Unsicherheiten eines Hundes gegenüber fremden Menschen können hingegen therapeutische Erfolge durch das Hilfsmittel Leckerli enorm beschleunigt werden.

Dabei wird das Leckerli keinesfalls als ablenkender Außenreiz eingesetzt, sondern als zielgerichtetes Brückenglied zu einer sozialen Stabilisierung.

Der Fokus des unsicheren Hundes wird nicht vom Konfliktherd (Mensch) abgelenkt, sondern effektiv verstärkt. Oft trauen sich unsichere Vierbeiner nur durch dieses Brückenglied an einen Menschen heran. Bekommen sie dafür vom zuvor gefürchteten Zweibeiner ein Leckerli, wird die künftige Entscheidung einer Annäherung an fremde Menschen erleichtert.

Während dieser Annäherung fällt erneut dem Hundebesitzer eine wesentliche Unterstützung zu. Er lobt und motiviert – wie bereits in der Hund-Hund-Therapie erläutert – seinen Vierbeiner immer nur dann, wenn er sich dem fremden Menschen eigeninitiativ annähert. Wendet er sich hingegen ab, oder dreht er sich zum Besitzer um, wird das Lob sofort wieder eingestellt.

Häufige Fehler in der Verhaltenstherapie

Unsicherheiten/Ängste bei sozial fremden Einflüssen

Abschließend zu den Themen Angst und Unsicherheit befassen wir uns mit Konfliktverhalten des Hundes gegenüber Umwelteinflüssen, die keinen unmittelbaren sozialen Hintergrund haben. Viele Hunde erweisen sich gegenüber bestimmten Geräuschen, fremdartigen Untergründen, bewegten oder unbewegten Objekten unsicher bis ängstlich.

Kommt es in diesem Zusammenhang zu verbesserungs- oder gar therapiewürdigem Verhalten muss – wie in allen anderen Fällen auch – zunächst eine individuelle Ursachenanalyse erfolgen. Dabei interessieren uns neben dem gesundheitlichen Zustand des Hundes zwei wesentliche Faktoren ganz besonders:

- Die mögliche genetische Disposition des Hundes

- Eventuelle Erfahrungsdefizite, in der die Schwäche begründet liegen könnte

Der Futterkreis ist ein äußerst effektives Brückenglied zur Erlangung sozialer Kompetenzen gegenüber Menschen.

Häufige Fehler in der Verhaltenstherapie

Verhaltenstherapeutische Erfolge hängen maßgeblich vom ursächlichen Anteil genetischer Grundlagen ab.

Gerade bei geräuschempfindlichen Hunden spielt die Rasse-Zugehörigkeit und somit eine genetisch bedingte Veranlagung eine ganz erhebliche Rolle. So ist allgemein bekannt, dass vergleichsweise viele Bearded-Collies Unsicherheiten und Konflikte bei der Konfrontation mit Geräuschen aufweisen. Dieser züchterisch bedingte Umstand muss bei der Arbeit und im Umgang mit diesen Hunden berücksichtigt werden. Auch deshalb, weil ererbte Verhaltensweisen vergleichsweise schwer und in manchen Fällen überhaupt nicht therapierbar sind.

Ganz anders sieht die Prognose bei Erfahrungsdefiziten aus. Unsicherheiten und Ängste, die mangels Erfahrungen oder infolge schlechter Erfahrungen entstanden sind, können meist wesentlich erfolgreicher therapiert werden, als bei einer ererbten Veranlagung. Und dies in vielen Fällen sogar bis zu einem Normalverhalten.

Im Gegensatz zum ursprünglichen Prägungskonzept von Konrad Lorenz geht man heute nicht mehr von einer völligen Unumkehrbar-

Häufige Fehler in der Verhaltenstherapie

keit eines Prägungsvorganges aus. Auch können fehlende Prägungen durchaus in bestimmten Zeiträumen nachgeholt werden. Daher müssen wir uns nun gar nicht darum kümmern ob solche fehlenden Erfahrungen bei Hunden eine Prägung sind oder nur prägungsähnlich. Es reicht uns festzustellen, dass durch entsprechend sachgerechtes Training die nachteiligen Wirkungen auch zumindest teilweise revidiert werden können.

Gewöhnung an »unheimliche« Untergründe

Bevor wir uns in der Folge mit den Besonderheiten beim Umgang mit aggressiven Hunden beschäftigen, möchte ich abschließend therapeutische Möglichkeiten bei Unsicherheiten des Vierbeiners gegenüber ungewohnten Untergründen erläutern. Gefliese Untergründe, Gitterroste oder gewachste Parkettböden stellen für viele Hunde ein scheinbar nicht überwindbares Hindernis dar und können Stress in hohem Maße auslösen. In diesem Fall versuchen viele Hundebesitzer das Problem zu lösen, indem sie den Vierbeiner mittels Leckerli über beispielsweise einen Gitterrost locken. Hat dieser schließlich das Hindernis überwunden, wird er überschwänglich gelobt und erhält dazu noch die Futterbelohnung. Ein Vorgang, der auch häufig in Welpenschulen praktiziert wird. Keine besonders gute Lösung, wenn wir uns mit der grundlegenden Zielstellung auseinandersetzen. Diese lautet: unser Vierbeiner soll sich mit dem Konfliktherd »Gitterrost« auseinandersetzen. Wir erhoffen uns Gewöhnung, Vertrautheit und Stabilität bei der Konfrontation mit diesem unheimlich wirkenden Untergrund. Wird der Hund allerdings für das Überqueren oder Überwinden dieses Hindernisses gelobt und bestätigt, arbeiten wir an dieser vorgegebenen Zielstellung vorbei.

Die konditionierte Vertrautheit mit einem ungewohnten Untergrund ist weitaus stabilisierender als das Überwinden desselben. Ein Vierbeiner, der aufgrund der optimalen Bestätigung gerne auf dem Gitterrost sitzt, steht oder liegt, beweist eine makellose Konfliktfreiheit. Sieht er allerdings den Gitterrost nur als zu überwindendes Hindernis an, bleibt die erwünschte Konfliktfreiheit weiter in Frage gestellt.

Dabei ist die Vorgehensweise für eine optimierte Gewöhnung an ungewohnte Untergründe vergleichsweise einfach. Der Hund wird keinesfalls nach dem Überwinden des Untergrundes gelobt (fällt vielen Hundebe-

Häufige Fehler in der Verhaltenstherapie

sitzern unsagbar schwer), sondern ausschließlich für das Verweilen auf diesem Untergrund. Verlässt oder überquert er diesen, darf es weder Lob noch Leckerli geben!

Wird diese Verhaltensweise optimal trainiert, besteigen so konditionierte Hunde beispielsweise den Gitterrost und bleiben erwartungsvoll (Lob, Bestätigung) darauf stehen. Erfolgt das Lob zum falschen Zeitpunkt, bleiben wesentlich mehr Restkonflikte erhalten und nur das möglichst zügige Überqueren wird vom Vierbeiner favorisiert.

Die Bildserie auf Seite 131 zeigt die optimierte Vorgehensweise. Die dabei eingesetzte Futterbelohnung dient nicht der Ablenkung (wie bei einer Hund-Hund-Begegnung), sondern der zielgerichteten positiven Verstärkung bei der Bewältigung eines Konfliktes.

Noch ein abschließendes Wort zum grundsätzlichen Umgang mit unsicheren bis ängstlichen Hunden. Erschreckend viele Hundebesitzer neigen dazu, der Instabilität ihres Vierbeiners mit Instabilität zu begegnen. Unsichere Hunde sollen souverän und sicher geführt werden. Sie profitieren keinesfalls davon, wenn sich der Zweibeiner permanent bemüht, Rücksicht in einer fortwährenden Samthandschuh- oder Wattebausch-Taktik zu üben. Ganz im Gegenteil: der unsichere Hund interpretiert emotional den ständigen »Schongang« seines Besitzers häufig als Unsicherheit der Bezugsperson und kann deshalb selbst kaum die erwünschte Sicherheit und Stabilität erlangen.

Erlernte Hilflosigkeit durch übermäßige Zuwendung

Es stimmt in diesem Zusammenhang bedrückend, wie viele sogenannte Problemhunde eine dadurch erlernte Hilflosigkeit aufzeigen. Viele unserer Kundenhunde wurden im Vorfeld über sehr lange Zeit derart »therapeutisch« betreut, dass diese Hilflosigkeit zu einem regelrechten Automatismus führte. In Konfliktsituationen wurde gelockt, beruhigt und ständig verhätschelt. Dem armen, armen Hund muss man ja schließlich helfen. Genau dieser Umgang schadet (!) unsicheren Hunden oder führt bestenfalls zu einer Stagnation im Verhalten.

Auch der leider viel zu pauschale Rat, solche Hunde nur am Geschirr mit Spielraum zur Selbstentscheidung zu führen, ist weitaus weniger effektiv, als sich die meisten Hundebesitzer vorstellen können. Bei dem

Häufige Fehler in der Verhaltenstherapie

Bild 1: unsichere Hemmung

Bild 2: ein zarter Versuch (jetzt loben!)

Bild 3: gleich geschafft (weiter loben!)

Bild 4: erster Erfolg (Lob und Leckerli als positive Verstärkung)

Bild 5: Konfliktherd verlassen (jetzt auf keinen Fall loben!)

Häufige Fehler in der Verhaltenstherapie

einen Hund kann ein Geschirr angebracht sein, bei einem weiteren unter Umständen nicht. Zumal das Geschirr in Erziehung und Ausbildung nach Dafürhalten immer mehr Physiotherapeuten in vielen Fällen gesundheitsschädigendere Auswirkungen auf die Rückenwirbelsäule haben kann, als ein tiefsitzendes Halsband auf die Halswirbelsäule. Diese neue Erkenntnis ist sicher für die Zukunft im Hundewesen noch viele Diskussionen und letztlich ein Umdenken wert.

Unsicherer Hund! Ruhiger, souveräner Umgang ist viel mehr gefragt, als Bedauern und Mitleid.

Nach persönlicher Erfahrung lassen sich unsichere Hunde innerhalb weniger Tage(!) erheblich stabilisieren, wenn sie ruhig und souverän in Konfliktsituationen geführt werden. Mit wesentlich mehr Führanspruch (keine Gewalt oder Brutalität) lehnen sich so geführte Hunde an ihren Besitzer an und bewältigen Stress deutlich besser. Für uns immer wieder beweisbar ist dies insbesondere im Mentaltraining La-Ko-Ko®, bei dem der unsichere Hund vorübergehend dual, das heißt beispielsweise an Halsband und Kopfhalter geführt wird. Durch dieses Führtraining wird entgegen anderslautender Meinung soziales Vertrauen des Hundes gegenüber seinem Besitzer erheblich gefördert und keineswegs belastet.

Aggressive Hunde

Kaum etwas bewegt die Gemüter im Hundewesen mehr, als Aggressionsverhalten bei Hunden. Verständlich, denn durch aggressives Verhalten entstehen schließlich Gefahren und Schäden für Mensch und Tier.

Häufige Fehler in der Verhaltenstherapie

Einer der interessantesten Definitionen für Aggression besteht aus einem Wort: Vielzweckverhalten. Dieser Begriff ist selbsterklärend und in jedem Fall zutreffend.

Aggressionsverhalten kann in der Tat vielen Zwecken dienen. Es kann als »Werkzeug« eingesetzt werden, um vermeintliche Bedrohungen abzuwehren, um Unsicherheiten besser zu bewältigen, um Ressourcen (Bedürfnisse) zu verteidigen, um Sozialpartner oder Territorien zu schützen oder auch nur, um sich vor anderen zu profilieren.

Ganz unabhängig davon sind die kausalen Hintergründe von Aggressionsverhalten immer zweigleisig zu beurteilen. Zum einen spielt die genetische und somit züchterische Disposition (Veranlagung) eine Rolle und zum anderen das erlernte Verhalten eines Hundes. Aus diesem Grund muss immer der Phänotyp (Genetik und erlerntes Verhalten) eines Vierbeiners berücksichtigt werden.

Dabei ist wichtig zu wissen: es gibt Hunde bestimmter Rassen, die aufgrund ihrer ererbten Merkmale ein vergleichsweise hohes Aggressionspotential vorweisen und dennoch nie aggressiv auffällig werden. Diese Hunde zeigen, dass sie über eine stabile erzieherische Grundlage

Häufige Fehler in der Verhaltenstherapie

und vorbildlicher Sozialisation das »Werkzeug« Aggressionsverhalten nicht nötig haben. In der Wissenschaft wird in diesem Zusammenhang von einem optimierten Anpassungs-System bei Stress gesprochen. Aber es gibt im Umkehrschluss auch Individuen aus angeblich aggressionsfreien, typischen Familienhundrassen, die mangels guter oder auch übertriebener Sozialisation und Erziehung ein ausgeprägtes Aggressionsverhalten aufzeigen. Diese Hunde können mit Stress wenig umgehen, ihr Anpassungs-System ist überfordert.

Schwierig wird es in der Verhaltenstherapie immer dann, wenn beide Faktoren, Genetik und Umwelteinflüsse, für aggressives Verhalten ursächlich sind.

Aggression = Vielzweckverhalten

Wenn Aggression als Vielzweckverhalten bezeichnet werden kann, dann muss auch klar sein, dass aggressives Verhalten nicht nur aus Angst oder Unsicherheit heraus entsteht. Bei der Ursachen-Einschätzung von Aggressionsverhalten greife ich auf meine persönlichen Erfahrungen zurück. Demnach waren bislang rund 70% aller mir als aggressiv vorgestellten Problemhunde so genannte Angstbeißer. Die Ursachen lagen dabei somit stets in ängstlichem beziehungsweise unsicherem Verhalten. Bei weiteren rund 20% lagen Ressourcenursachen, territoriale Zusammenhänge oder Frustration dem aggressiven Verhalten zugrunde. Lediglich bei geschätzten 10 % fanden sich hormonell bedingte oder auch gesundheitliche Zusammenhänge. Verschwindend gering ist übrigens in diesem Zusammenhang die so genannte Dominanzaggression, die vor allem gegenüber Menschen äußerst selten vorkommt.

In nahezu allen Fällen spielt selbstverständlich der betreuende Hundebesitzer eine tragende Rolle, wenn es um Intensität und Auswirkungen von aggressivem Verhalten geht.

Aggressionsverhalten gehört zweifelsfrei zum Normalverhalten des Hundes. Manch einer mag sich den völlig aggressionsfreien Hund wünschen, doch dabei wären züchterische Bemühungen in diese Richtung mit fatalen Resultaten versehen und gegen ein sozialkompetentes Leben gerichtet. Wir dürfen alle nur hoffen, dass dies nie geschehen wird.

Häufige Fehler in der Verhaltenstherapie

Aggressionsverhalten ist grundsätzlich Normalverhalten! Solange es der Situation angepasst und somit als angemessen gilt.

Kritisch darf somit nie aggressives Verhalten an sich, sondern ausschließlich unangemessenes Aggressionsverhalten mit gefahrbringenden oder gar schädigenden Auswirkungen angesehen werden.

Angemessene und unangemessene Aggression

Doch wann ist Aggressionsverhalten unangemessen? In der Definition zur Unangemessenheit wird im Gefahrhundgesetz des Freistaates Sachsen aggressives Verhalten dann als unangemessen bezeichnet, wenn es über die existenziellen Erfordernisse (Schutz der eigenen Gesundheit oder des Lebens) eines Hundes hinausgeht und dabei Gefahren oder Schädigungen für Personen, Tiere oder Sachen zu erwarten sind. Beispiel: wird ein Hund von einer ihm fremden Person stark bedrängt oder bedroht, ist eine Abwehrreaktion durch aggressives Verhalten (Drohen, Knurren, Schnappen) als angemessen zu bezeichnen, da es sich um ein nachvollziehbares, existenzielles Anliegen handelt. Wendet sich die Person vom Hund ab und der Vierbeiner attackiert daraufhin die Person mittels aggressivem Verhalten, so ist die Angemessenheit nicht mehr zu begründen, da in diesem Fall das gezeigte Verhalten nicht mehr dem Schutz des Hundes dient.

Mit dieser Definition konnten und können somit im Bundesland Sachsen Hunde den so genannten Wesenstest auch dann bestehen, wenn

Häufige Fehler in der Verhaltenstherapie

sie bei einem Bedrohen oder Bedrängen aggressive Abwehrhandlungen zeigten beziehungsweise zeigen.

Erst informieren, dann therapieren

Bevor beim Umgang mit aggressiven Hunden über die möglichst optimale Form einer Verhaltenstherapie nachgedacht werden darf, müssen zunächst die ursächlichen Zusammenhänge, so weit möglich, in Erfahrung gebracht werden.

Aus diesem Grund gilt eine Anamnese (Ursachenerforschung) als unabdingbar. Über analytische Gespräche mit dem Hundebesitzer werden wichtige Parameter erörtert und stets protokolliert. Dazu gehören die Herkunft des Hundes, Vorgeschichte, frühere und derzeitige Lebens- und Haltungsbedingungen, Umgangsstrukturen, soziale Gruppenzusammensetzung (Familienmitglieder), Fütterung, gesundheitliche Aspekte, besondere Vorkommnisse und detaillierte Situationsschilderungen.

Zirka ein bis zwei Stunden nimmt eine ausführliche Anamnese zeitlich in Anspruch. Dabei ist es sinnvoll, eine Anamnese zunächst ohne Beisein des Hundes durchzuführen, da zum einen die Konzentration des Hundebesitzers keinerlei Ablenkungen unterliegt (konkretere Informationserlangung) und zum anderen die Umgangsbedingungen zwischen Mensch und Hund ohnehin in einer nachfolgenden Verhaltensanalyse zum Tragen kommt.

Eine Vermischung beider Bereiche wird zwar häufig in der Verhaltenstherapie praktiziert, erfahrungsgemäß ist aber die Aufteilung in zwei in sich geschlossene Bereiche (Anamnese mit nachfolgender Verhaltensanalyse) aussagekräftiger.

Verhaltensanalysen sind wichtig

Der Verzicht auf eine Verhaltensanalyse im Umgang mit Problemhunden birgt immer Risiken in der Diagnostik und kann dadurch die Therapie erschweren, verzögern oder einfach nur umständlich machen. Der Grund hierfür ist sehr plausibel: ein Hund, der beispielsweise Aggressionsverhalten gegenüber fremden Menschen zeigt, kann im Einzelfall weitere Problemfelder aufweisen, die in einer bestimmten Synergie zu dem hauptsächlichen Problem - Aggression gegenüber Fremden – stehen.

Häufige Fehler in der Verhaltenstherapie

Bei kompetenter Durchführung sind Verhaltensanalysen aussagekräftige Profilbeurteilungen.

Es kann unter Umständen während der Verhaltensanalyse eine erhöhte Stressreaktion beziehungsweise eine Schreckhaftigkeit bei bestimmten Geräuschen festgestellt werden. Genau diese Schreckhaftigkeit kann ein zusätzlicher Auslöser für sozialaggressives Verhalten gegenüber fremden Menschen darstellen. Beispiel: schlürfender Schritt einer von hinten herannahenden Person. Ein Trainer oder Verhaltensberater, der diesen Umstand nicht berücksichtigt, muss sowohl diagnostisch als auch in der nachfolgenden Verhaltenstherapie einfach qualitative Abstriche hinnehmen. Dieser Umstand wiederum reduziert die zu erwartenden Therapieerfolge.

Umgang mit aggressiven Hunden

Der Umgang mit Aggressionsverhalten bei Hunden wird nach wie vor in heftiger Weise im Hundewesen diskutiert. Hierzu zwei häufige Kernaussagen extrem orientierter Parteien:

Aussage 1 (Ignorieren): Aggressionsverhalten bei Hunden ist zu ignorieren, stattdessen werden dem Hund über positive Verstärkung Alternativhandlungen angeboten und damit aggressive Verhaltensweisen reduziert oder gar abgebaut.

Aussage 2 (Blockieren): Aggressionsverhalten des Hundes ist in jedem Fall mit entsprechenden Gegenmaßnahmen (Straf- beziehungsweise Korrekturreize) zu unterbinden. Nur so sei aggressives Verhalten nachhaltig in den Griff zu bekommen.

Häufige Fehler in der Verhaltenstherapie

Ignorieren oder unterbinden? Nicht einmal die Fachwelt ist sich einig!

Beide sehr gegensätzliche Aussagen sind als pauschale Empfehlung falsch(!) und mit im Einzelfall gefährlichen Ergebnissen versehen. Gerade in der Verhaltenstherapie werden mit jeder dieser beiden Grundeinstellungen täglich zahlreiche Fehler mit den unterschiedlichsten negativen Folgen für Mensch und Hund begangen.

Und dies nur deshalb, weil weniger die Individualität eines Sachverhaltes und des betroffenen Hundes berücksichtigt werden, sondern vielmehr das jeweilige Patentrezept als grundlegend erfolgversprechend angesehen wird.

Sowohl Aussage 1 als auch Aussage 2 können in einer Verhaltenstherapie völlig falsch oder auch völlig richtig sein.

Eine zielgerichtete Verhaltenstherapie setzt neben grundlegenden Kompetenzen ein ungeheures Maß an Flexibilität voraus.

An zwei einfachen Beispielen wird deutlich, dass im einen Fall das Ignorieren von Aggressionsverhalten der richtige Weg ist, und im zweiten Fall das sofortige Unterbinden aggressiver Handlungen den besseren Erfolg verspricht.

Häufige Fehler in der Verhaltenstherapie

Defensiv orientierte Aggression

Beispiel 1: Mischling Jack steht an der Futterschüssel und frisst gerade seine abendliche Futterration. Sein Frauchen tritt heran, um die Futterschüssel in eine bessere Position zu rücken, da Jack die Schüssel beim Fressen heute sehr weit verschoben hatte.

Als sich Jacks Besitzerin annähert, hört Jack sofort mit dem Fressen auf, beginnt sich zu versteifen, macht sich anschließend körperlich immer kleiner und dreht mit einem drohenden Knurren seinen Kopf seitlich weg. Sämtliche Verhaltensweisen sind defensiv ausgerichtet, das heißt, es kommt weder zu einem offensiven Drohen, geschweige denn zu einem Attackieren seiner Besitzerin.

Da sich Jacks Frauchen in diesem Moment an die Aussage ihrer Hundeschultrainerin erinnert, schimpft sie sofort massiv mit Jack – wegen dessen drohendem Knurren – und schickt ihn von der Futterschüssel weg. Aggressionen müssen sofort und energisch unterbunden werden, erinnert sie sich.

Ein Fehler, wie sich innerhalb weniger Tage erweisen sollte. Jack hat immer mehr Probleme, sich offen und frei an die Futterschüssel zu wagen. Er wirkt immer gehemmter und jeder Versuch seiner Besitzerin, ihn motivierend zu unterstützen, interpretiert Jack offensichtlich falsch. Er knurrt nun noch mehr und zieht sich immer früher zurück. Bis er letztlich sogar den Gang an die Futterschüssel meidet.

Die defensiv ausgerichteten Aggressionen von Jack blockieren zu wollen, war eine sehr unglückliches Vorgehen.

Jack konnte diese Maßnahme einfach nicht verstehen, weil sie aus seiner Sicht ja nicht nur in Verbindung mit seinem Knurren, sondern auch mit seiner grundlegend defensiven Haltung (Rückzug) zu bringen war. Dieser Umstand verunsicherte Jack immer mehr und so empfand er letztlich das Fütterungsritual als Leidenstour.

Richtig wäre gewesen, das defensiv orientierte Aggressionsverhalten (Knurren) tatsächlich zu ignorieren, die Futterschüssel einfach hochzunehmen und an die gewünschte Position zu stellen. Da Jack dabei keine soziale Kollision mit seinem Frauchen erfährt und er ja auch umgehend weiter fressen kann, kommt es zu keiner überflüssigen Verunsicherung des Vierbeiners. Das Verhalten an der Futterschüssel wird sich damit immer weiter stabilisieren.

Häufige Fehler in der Verhaltenstherapie

Drohen, Knurren, Abwenden: Defensiv orientiertes Aggressionsverhalten

Offensiv orientierte Aggression

Beispiel 2: Die Ausgangssituation scheint ähnlich: Diesmal steht Mischling Max an der Futterschüssel und frisst gerade seine abendliche Futterration. Auch sein Frauchen tritt heran, um die Futterschüssel in eine bessere Position zu rücken.

Max hört ebenfalls sofort mit dem Fressen auf, versteift sich und dreht jetzt – im völligen Gegensatz zu Jack – den Kopf drohend und mit zusätzlich hochgezogenen Lefzen gegen sein herannahendes Frauchen. Die Drohung verstärkt sich dabei derart, dass seine Besitzerin völlig irritiert stehen bleibt. Da sie dem Leitsatz – Aggressionsverhalten ist zu ignorieren – anhängig ist, wendet sie sich anschließend ab und lässt Max weiter fressen.

Um Missverständnissen vorzubeugen. Auch wenn bei diesem deutlichen Ansatz von offensivem Aggressionsverhalten das Ignorieren grund-

Häufige Fehler in der Verhaltenstherapie

legend falsch ist, darf hier anfänglich das wichtige Unterbinden beziehungsweise Blockieren der aggressiven Verhaltensweise nur von sehr selbstsicheren und souveränen Hundebesitzern durchgesetzt werden. Für alle anderen wird es zu gefährlich, weshalb dann ganz einfach fachkompetente Unterstützung durch einen Trainer oder Verhaltensberater notwendig wird.

Wird offensives Aggressionsverhalten nur ignoriert und nicht unterbunden, besteht die immense Gefahr der selbstbelohnenden Erfolge. Ein erfolgversprechendes Modell wird bevorzugt wiederholt! Aggressionsverhalten wird dadurch eher gefördert und kaum reduziert.

Vor allem verlagern in der Folge Hunde wie Max das anfängliche und offensichtlich erfolgreiche Aggressionsverhalten an Futterressourcen sehr gerne auch auf andere Konfliktebenen.

Ein souveränes Vorgehen bei Max wäre das umgehende Unterbinden der Aggression, beispielsweise durch ein energisches Nein, verbunden mit einem kurzen, blockierenden Griff ins Genick. Stellt Max daraufhin das Aggressionsverhalten ein, erfolgt ein entsprechendes Lob und das Weiterfressen an der Futterschüssel kompensiert die vorherige Einwirkung.

Als so genannte Strafmaßnahme die Futterschüssel wegzunehmen, wäre definitiv falsch, weil Max dieses Vorgehen nicht verstehen könnte und der Lernerfolg – keine Aggression an der Futterschüssel – einfach ausbleiben würde.

Zusammenfassend bleibt somit festzuhalten, dass jeder Hundebesitzer grundsätzlich gut beraten ist, defensiv orientiertes Aggressionsverhalten (Beispiel: drohendes, knurrendes, bellendes Abwenden vom vermeintlichen Konfliktherd) zu ignorieren und dieses Verhalten durch stabilisierende Maßnahmen (Beispiel: positive Verstärkung alternativer Handlungen) immer mehr abzubauen. Zumal bei defensiv orientiertem Aggressionsverhalten meist Unsicherheit im kausalen Hintergrund steht und das Gefahrenpotential vergleichsweise gering ist.

Offensive Aggressionshandlungen müssen zumindest auf zeitlich mittel- und langfristiger Ebene (eventuell mit fachkompetenter Unterstützung) unterbunden werden. Ansonsten kann es aufgrund selbstbelohnender Erfolge zur Erhöhung und Erweiterung aggressiver Verhaltensweisen kommen.

Häufige Fehler in der Verhaltenstherapie

Drohen, Angreifen, Zubeißen. Das typische Modell offensiver und somit gefahrbringender Aggression.

Hinzu kommt, dass bei einem Ignorieren offensiver Aggressionshandlungen die bereits zu Beginn der Artikelserie ausführlich erläuterte und wenig wünschenswerte Handlungsketten-Konditionierung sehr wahrscheinlich wird.

Umstrittene Aggressionsblockaden

Dass das wichtige Unterbinden oder auch Blockieren von offensiv orientierten, aggressiven Verhaltensweisen in vielen Bereichen des Hundewe-

Häufige Fehler in der Verhaltenstherapie

Aggression im Doppelpack! Das Problem mancher Mehrhundbesitzer

sens einen schlechten Ruf hat, ist im Zusammenhang mit verschiedenen Ursachen zu sehen. Leider gibt es immer noch viel zu viele Hardcore-Hundetrainer, die maßlos bis brutal aggressive Verhaltensweisen aus Hunden heraus prügeln wollen. Weiterhin haben etliche Hundebesitzer und selbst -trainer das Problem, dem aggressiven Hund bei einer Aggressionsblockade mit dem richtigen Timing zu begegnen. Sie greifen nämlich meist viel zu spät ein!

Zuletzt gibt es aber auch missverständliche und durchaus fragwürdige Äußerungen prominenter Buchautoren, die infolge mangelnder praktischer Erfahrungen sowohl Fachleuten als auch Hundehaltern a priori unterstellen, kaum jemals Strafe (Korrekturen) richtig einsetzen zu können. Deshalb solle generell mit positiven Verstärkungen Alternativen geschaffen werden, die ein Unterbinden oder Blockieren von Aggressionsverhalten überflüssig machen würden. Eine Aussage,

Häufige Fehler in der Verhaltenstherapie

Ignorieren? Ein schlechter Ratgeber bei offensivem Aggressionsverhalten

die aufgrund ihrer Blauäugigkeit bei jedem erfahrenen Praktiker ein berechtigtes, stirnrunzelndes Kopfschütteln erzeugt. Und eine Aussage, die als Garant für Misserfolge bei aggressiven Hunden mit bereits manifestierten, tiefsitzenden Verhaltensmustern gelten kann.

Nochmals: Aggressionsverhalten sollte bei defensivem Ausdruck eben nicht blockiert werden, weil dadurch dem Vierbeiner eine biologisch höchst wertvolle Kommunikationsform genommen wird. So ist beispielsweise eine angemessene beziehungsweise angepasste Signalgebung bei der Begegnung mit einem anderen Hund, der sich als Konfliktpartner darstellt, mit einem knurrenden »Komm mir nicht zu nahe« durchaus angemessen und meist auch effektiv. Zumal die ausschließliche Wahrung einer Individualdistanz zweifelsfrei einen defensiven Charakter vorweist.

Bei offensiv ausgerichteter Aggression entstehen schnell Gefahrensituationen, die ein energisches Einschreiten (Blockieren) des Hundebesitzers erforderlich machen. Ich wies auch darauf hin, dass häufig in der Verhaltenstherapie mit Versprechungen ausschließlich auf motivierende und positiv verstärkende Strategien in der Aggressionsbehandlung gesetzt wird. Dieser Umstand ist mitverantwortlich für das Leid in vielen Mensch-Hund-Beziehungen.

Häufige Fehler in der Verhaltenstherapie

In diesem Zusammenhang sehr interessant: mehreren Studien zufolge, dabei auch eine Studie des Robert-Koch-Institutes aus dem Jahr 2006, nehmen Verhaltensauffälligkeiten bei Kindern seit einigen Jahren permanent zu. Neben der für viele Kinder fragwürdigen gesamtgesellschaftlichen Entwicklung stehen erzieherische Missgriffe in der Ursache ganz weit oben.

Parallelen zwischen der Kinder- und der Hundeerziehung sind dabei unübersehbar, denn auch die Verhaltensauffälligkeiten bei Hunden nehmen ganz offensichtlich zu.

Eine der Ausdruckformen fehlgeleiteter Erziehung ist in beiden Fällen unangemessen aggressives Verhalten.

»Moderne« Hundeerziehung: Konsequent aber zwanglos!?

Eine furchtbare und höchst illusorische Kernaussage geistert schon seit einigen Jahren durch das Deutsche Hundewesen. »Erziehen Sie Ihren Vierbeiner liebevoll, sanft und konsequent aber bitte ohne Zwänge.« Autsch! Konsequenz beinhaltet stets Nachhaltigkeit und Durchsetzungsvermögen. Das geht keinesfalls ohne Zwänge, denn bei jeder Interessen-Kollision des Hundes verpuffen zwanglose Durchsetzungsversuche des Hundebesitzers.

Ein gutes Beispiel hierfür: Golden Retriever Max hat einen Kauknochen stibitzt und läuft damit durchs Wohnzimmer. Frauchen registriert dies und geht zu Max, um ihm den Knochen wieder abzunehmen. Dieser versteift daraufhin den Körper und knurrt drohend. Nach seinen bisherigen Lebenserfahrungen ein probates und angemessenes Mittel: Androhung von Aggressionshandlungen zur Verteidigung von Ressourcen. Frauchen geht wieder weg und schon hat Max einen offensichtlichen Vorteil durch sein Verhalten erreicht. Doch Frauchen gibt noch nicht auf und greift dann zu einer immer wieder empfohlenen »modernen Erziehungsstrategie«. Sie geht an den Kühlschrank und nimmt eine kleine Scheibe frische Leber heraus. Diese bietet sie ihrem Max daraufhin zum Tausch an. Tatsächlich kann Max diesem verlockenden Tauschgeschäft nicht widerstehen. Er lässt den Kauknochen fallen und frisst dafür genüsslich die Leber.

Häufige Fehler in der Verhaltenstherapie

Bei besonders schwierigen Hunden ist eine gute Prognose ohne vorübergehende Zwänge selten möglich!

Tauschgeschäfte als erzieherischer Selbstbetrug

Diese und ähnliche Tauschgeschäfte spiegeln täglich tausendfach die Hilflosigkeit von Hundebesitzern wider, wenn es um die Erziehung des Vierbeiners geht. Tauschgeschäfte mit dem Hund sind nicht selten regelrechte Kaputtmacher einer jeden soliden Hundeerziehung und dazu noch mit einer ganzen Reihe weiterer Nachteile verbunden. Ein Tauschangebot kann, muss aber nicht funktionieren, je nach Interessenabwägung des Hundes. Es ist damit kein zuverlässiges Mittel. Und insbesondere Hunde, die zur Durchsetzung ihrer Ansprüche zu Aggressionen neigen, bleiben stets eine zumindest latente Gefahr für ihre Besitzer.

Bei jedem Versuch einer konsequenten Durchsetzung erzieherischer oder auch therapeutischer Ansprüche können Probleme auftreten. So kann sich der Vierbeiner beispielsweise ebenso konsequent widersetzen. Es kommt zum offenen Konflikt und genau das fürchten viele Zweibeiner,

Häufige Fehler in der Verhaltenstherapie

Erzieherische Reformen können Mensch-Hund-Beziehungen retten.

weshalb sie nach Alternativen suchen. Aus diesem Grund erhalten auch in der Hundeerziehung Nachgiebigkeit und Kompromissangebote leider immer mehr Hochkonjunktur. Dies letztlich auch zum Leidwesen vieler Mensch-Hund-Beziehungen.

Max hatte offensichtlich nie gelernt, einen Kauknochen auf Verlangen abzugeben. Ein erzieherischer Grundstock hierzu fehlte offensichtlich. Dabei müssen Übungen zum Herausgeben von Gegenständen oder Futter zum erzieherischen Einmaleins in jeder Mensch-Hund-Beziehung gehören. Werden solche Übungen souverän, ruhig und konsequent durchgeführt, lassen sich selbst ältere Hunde erzieherisch noch »umprogrammieren«.

Nahezu alle Hunde mit auffälligem beziehungsweise unangemessenem Aggressionsverhalten haben bis auf wenige Ausnahmen das Problem einer mangelhaften und inkonsequenten Führung durch ihre Besitzer. Sie entscheiden quasi in Stress- und Konfliktsituationen selbst und »fragen« vorher nicht einmal nach.

Häufige Fehler in der Verhaltenstherapie

Damit ist auch für Hundetrainer und Verhaltenstherapeuten der wesentliche Schwerpunkt in einer Umstrukturierung des Führanspruches zu sehen. Nur wenn es gelingt, die erzieherische Komponente neu aufzubauen oder grundlegend zu reformieren, sind mittel- und langfristig Verhaltensbesserungen beim Vierbeiner möglich.

Ein Neuaufbau oder Reformen erzieherischer Grundlagen ist allerdings extrem fehlerbehaftet, wenn der derzeitige Kurs scheinbar moderner Trainings- und Therapieformen nicht überdacht wird. Als modern gelten unter anderem Tauschgeschäfte, Handlungskettenkonditionierungen, Leckerli- und Spielzeug-Ablenkung, Konflikt- und Stressvermeidung, positive Verstärkung und erschrecken zunehmend auch Medikamente.

Wenn in diesem Zusammenhang Trainer, Verhaltensberater und somit Fachkollegen teilweise erheblich kritisiert werden, dann ist das durchaus legitim, solange nicht der Mensch hinter der Methode, sondern die Methode an sich kritisiert wird. Ein sachliches Auseinandersetzen ist sogar sehr wichtig, um kritikwürdige Vorgehensweisen, die häufig am gewünschten Erfolg vorbeiführen oder nur eine geringgradige Verbesserung oder Linderung von unerwünschtem Hundeverhalten herbeiführen, zumindest zu hinterfragen.

Im abschließenden Teil meines Beitrages möchte ich den Lesern noch zwei interessante und besondere Sachverhalte zu persönlich erlebten Hundeschicksalen aus den beiden zurückliegenden Jahren präsentieren.

Einer dieser Sachverhalte ereignete sich im Juni dieses Jahres und betrifft das Schicksal eines Tierheimhundes.

Drei Jahre ohne Sozialkontakte im Tierheim

Im vergangenen Sommer hatten wir eine scheinbar knifflige Aufgabe bei einem Tierheimhund zu bewältigen. In einem deutschen Tierheim lebt seit 2005 der zirka 7-jährige Schäferhundmischling Roy. Im Jahr 2006 fiel Roy im Tierheim einen Pfleger an und als dieser zu Boden fiel, fügte der Rüde ihm schwere Körperbisswunden zu. Roy wurde daraufhin nicht eingeschläfert, sondern im Tierheim separiert.

Kontakte zu Menschen oder anderen Hunden gab es seit dieser Zeit nicht mehr. Niemand traute sich in den vergangenen drei Jahren an den

Häufige Fehler in der Verhaltenstherapie

Rüden heran und Hundekontakte wurden vorsichtshalber auch nicht zugelassen.

Im Rahmen unserer neu gegründeten Tierheimstiftung (Info: www.tierheim-stiftung.de) boten wir dem Tierheim unsere Unterstützung für Resozialisierungsmaßnahmen an.

Um Roy für eine Analyse zu uns transportieren zu können, wurde der Rüde zuvor vom Tierarzt narkotisiert, damit ihm ein Maulkorb aufgesetzt werden konnte.

Kurze Zeit später, von der Narkose wieder erholt, kam Roy zu uns. Sehr schnell wurde klar, dass Roy, der glücklicherweise keine Trageprobleme mit dem Maulkorb hatte, ein grundlegend souveräner und sicherer Hund war. Einer stressbetonten Verhaltensanalyse begegnete Roy mit einer nervenstarken und aggressionsfreien Gelassenheit. »Ein starker, stabiler und weitgehend aggressionsfreier Hund«, war nach dieser ersten Analyse mein vorläufiges Prüfungsergebnis.

Doch es sollte noch anders kommen! Ich führte Roy nach dem Test auf einer Wiese an der Leine und näherte mich ihm dabei immer mehr an. Er ignorierte mich dabei völlig und verhielt sich so, als würde es mich überhaupt nicht geben. Daraufhin nahm ich freundlich Körperkontakt auf und streichelte ihn.

Nun trat das Vorhersehbare ein und der Rüde attackierte mich aggressiv. Seine grundlegende Eigenständigkeit und die soziale Abstinenz der vergangenen Jahren führten zu einem aggressiven Übergriff (»rühr mich nicht an«), für den ich weder den Hund, noch das betreuende Tierheimpersonal verantwortlich machen kann.

Doch Roy »irrte« sich und bereits nach wenigen Sekunden lag er nach einer Unterwerfung auf der rechten Körperseite und bekam durch mich keine Möglichkeit mehr, sein Aggressionsverhalten fortzuführen.

Nachdem die Gegenwehr relativ früh nachließ, streichelte ich Roy noch ein bis zwei Minuten ganz ruhig, worauf er sich immer mehr entspannte.

Ich ließ ihn wieder aufstehen und konnte daraufhin Roy überall anfassen und streicheln. Kein Knurren mehr, keine Aggression. Im Gegenteil: Roy zeigte sich im weiteren Verlauf mir gegenüber immer freundlicher, zugänglicher, offener, ja sogar herzlicher.

Häufige Fehler in der Verhaltenstherapie

»Freundliche« Unterwerfung

Um einen wichtigen Punkt dabei hervorzuheben: Die Unterwerfung eines aggressiven Hundes verspricht nur dann Erfolg, wenn sie – und das meine ich sehr ernst – unter »freundlichen« Voraussetzungen geschieht. Wut, Aggressionen, hektische Erregtheit bis hin zur Hysterie sind extrem kontraproduktiv, wenig souverän und vom Hund kaum zu verstehen. Wird ein aggressiver Hund unterworfen und er fürchtet sich danach vor dem Zweibeiner, ist etwas schief gegangen. Einer Unterwerfung muss soziales Vertrauen folgen und diese Grundvoraussetzung erfüllen leider nur sehr wenige Zweibeiner, die sich ohne Anleitung daran probieren. Deshalb gilt grundsätzlich: bitte nie experementieren!

Ein angeblich »alter Zopf« der sich immer wieder bewährt. Ein direkter, schnörkelloser und stets gutgemeinter »Hinweis« an den Hund, dass der Zweibeiner neben ihm Führanspruch und Autorität besitzt. Ohne Hektik und ohne Geschrei. Hunde wie Roy haben nie ein Problem mit diesem direkten Umgang und ordnen sich in der Regel danach auch in einer Mensch-Hund-Beziehung problemlos unter.

Roy hatte übrigens deutlich von dieser grundsätzlich regelnden Maßnahme profitiert. Er ist zwar nach nunmehr einem halben Jahr immer noch im Tierheim, doch hat sich seine Lebensqualität erheblich verbessert. Er hat Bezugspersonen, die ihm mittlerweile vertrauen und er wiederum vertraut den Bezugspersonen. Spaziergänge, Fellpflege und soziale Kontakte sind nun wieder möglich. Und auch die Hoffnung auf eine erfolgreiche Vermittlung rückt nun wieder mehr in den Fokus.

Roy befindet sich derzeit noch im Tierheim, kann aber an souveräne und erfahrene Zweibeiner durchaus vermittelt werden. (Vermerk: Anfragen bitte über den Autor)

Fehldiagnosen häufig

Der zweite, erinnerungsträchtige Sachverhalt trug sich im Jahr 2008 in der Schweiz zu. Eine eklatante Fehldiagnose führte dazu, dass ein Vierbeiner mit annäherndem Normalverhalten das Prädikat verhaltensgestört erhielt.

Im Rahmen eines Seminars zum Thema Motivation trafen wir in der Nähe von Zürich auf eine ältere Dame, die einen 7-jährigen Australian

Häufige Fehler in der Verhaltenstherapie

Shepard führte. Sie war mit ihrer Hündin Bella (Name geändert) als aktive Teilnehmerin zum Seminar gemeldet. Vor Beginn des Praxisteils trat die Dame an mich heran und teilte mit, dass sie nur eingeschränkt mit ihrer Hündin mitmachen könne, denn diese sei bereits seit mehreren Jahren verhaltensgestört. Bella habe vor ungefähr fünf Jahren einen schweren Unfall mit einem Auto gehabt und dieses Trauma habe sich zunehmend in Aggression verlagert.

Hierzu legte sie mir das Gutachten einer Verhaltenstherapeutin vor, das folgende diagnostische Schwerpunkte bzw. Wortlaute enthielt:

- ... ist seither unberechenbar gegenüber anderen Hunden (Anmerkung: es waren wohl zum Unfallzeitpunkt andere Hunde in der Nähe)
- ... einerseits eine Territoriale Aggression in der Wohnung der Besitzerin
- ... daneben zeigt Bella eine Reizaggression. Der Hund will nicht berührt werden ... dann haben wir es noch mit einer gemischten Aggression zu tun
- ... dadurch erfolgt noch eine Angstaggression als Ausdruck von Selbstverteidigung

Therapievorschläge:
- Konzentration auf Besitzerin durch Clicker-Übungen erhöhen
- Bella zu Hause an einen Platz gewöhnen, wo sie zu bleiben hat
- Allgemein Rangordnung betonen
- Medikamente einsetzen, um die kolossale Erregbarkeit zu bremsen

So bekam Bella hinsichtlich der Medikamente täglich 60 mg FLU-VOXAMIN (Anti-Depressivum) verabreicht.

Prognose laut Verhaltenstherapeutin: vorsichtig bis eher schlecht

Bellas Besitzerin beklagte mir gegenüber, dass sich über die Jahre nicht viel am Verhalten der Hündin geändert hätte. Sie sei nach wie vor aggressiv, würde Besucher, Hunde und sie selbst anbellen, sei furchtbar erregt in sehr vielen Situationen. Nach dieser grundlegenden Information bat ich darum, die Hündin mir und meiner Frau im Rahmen einer Motivationsübung kurz vorzustellen.

Häufige Fehler in der Verhaltenstherapie

Bellas Frauchen zeigte im Beisein der Seminarteilnehmer eine Apportierübung, die völlig misslang, da Bella beim Losschicken zum Apportieren extrem aufgeregt und heftig bellend, stetig um ihr Frauchen herumsprang. Dieses Bellen war zweifelsfrei eine Mischung aus Hilflosigkeit, Frustration und außergewöhnlicher Erregtheit.

Während wir all diese Eindrücke sammelten, fiel auf, dass Bellas Frauchen das erregte Bellen ihrer Hündin komplett ignorierte. Weiterhin war markant, dass immer dann, wenn sich Bellas Frauchen vom Hund entfernte, zum Beispiel um das Apportierhölzchen auszulegen, außergewöhnlich ruhig und konzentriert die Szene beobachtete. Kein Bellen, nur gespannte Erwartungshaltung. Sobald aber Frauchen wieder bei Bella war, begann diese wieder ihre extrem anmutenden Bellfasen.

Bereits nach wenigen Minuten bezweifelten wir in einem hohen Maße, dass es sich bei Bella um einen – wie vorgegeben – verhaltensgestörten Hund handeln könnte. Uns erschien alles viel zu klar und durchsichtig und deshalb kamen wir zu einem völlig anderen Ergebnis.

Beziehungsprobleme als stressauslösende Ursache

Als wir Bellas Frauchen fragten, warum sie das Bellen der Hündin ignoriere, teilte sie mit, das sei ihr stets von der Verhaltenstherapeutin und auch von anderen Fachleuten dringend empfohlen worden.

Dieser denkbar schlechte Rat war als Hauptauslöser für Bellas Konfliktverhalten anzusehen. Eine übrigens im Hundewesen häufig herumgeisternde Pauschalaussage: übermäßiges Bellen bei Hunden unbedingt ignorieren, Alternativhandlungen bestätigen. Im Einzelfall richtig, im speziellen Fall, wie bei Bella, grundlegend falsch!

Bereits nach wenigen Minuten »Reform-Training« war Bella zur sichtlichen Überraschung ihrer Besitzerin und der Seminarteilnehmer bereit, die Apportierübungen durchzuführen. Und dies ohne zu bellen. Dabei achteten wir nur auf zwei Kernpunkte:

1. Wenn Bella mit dem Bellen begann, wurde sie in die Platzposition gebracht und Ihr Frauchen entfernte sich einige Meter von Bella. Sofort hörte die Hündin mit dem Bellen auf.

Häufige Fehler in der Verhaltenstherapie

2. Auf die ritualisierte Grundstellung vor dem Apportieren (Sitz/Warte) wurde verzichtet, da diese Grundstellung eine zusätzliche, stressauslösende Komponente darstellte.

Frauchen ging ohne Grundstellung und ohne weiteres Ritual mit Bella in Richtung Apportiergegenstand und schickte Bella aus der Gehbewegung. Ergebnis: Apportieren ohne Belllaute.

Ein sehr schneller und beeindruckender Teilerfolg, der uns bewies, dass Missverständnisse in der Mensch-Hund-Beziehung viel kausaler für die Verhaltensauffälligkeiten von Bella war, als der mehrere Jahre zurückliegende Unfall.

Was wir nach weiteren kleinen aber wichtigen Tests zudem attestieren konnten: Bella ist definitiv kein aggressiver Hund – und in keinster Weise verhaltensgestört. Gestört war lediglich die Mensch-Hund-Beziehung durch eine Reihe von Missverständnissen. Wir rieten in diesem Zusammenhang zu einem ausschleichenden Verzicht auf die völlig überflüssig und kritisch erscheinenden Medikamente, was auch umgesetzt wurde.

Bella ist heute 9 Jahre alt, nahezu unauffällig und durch die zusätzliche Konditionierung der Zielobjektsuche in einem Folgeseminar wesentlich ruhiger und ausgeglichener geworden.

Frauchen, mit der wir sporadisch noch in Verbindung stehen, und Hund sind heute wesentlich glücklicher, nicht mehr und nicht weniger war von uns gewollt. Zumal der völlig unzutreffende Stempel – verhaltensgestört – nicht mehr im Bewusstsein der Besitzerin war.

Hundetrainer sind Individualisten

Woran mag es denn liegen, dass beispielsweise Hundetrainer oder Verhaltenstherapeuten eine derart unterschiedliche Auffassung zur Lösung von Problemverhalten bei Hunden haben? Wie kann es sein, dass die Verwirrung bei Hundebesitzern im Bezug auf fachkompetente Unterstützung so groß ist wie nie zuvor?

Mit der Vielfalt an verschiedensten Ansprüchen von Hundebesitzern wachsen bei Fachleuten seit Jahren auch vielfältige Methoden und Strategien in Erziehung und Ausbildung. Der Wettbewerb um die besten Methoden führt zu konkurrierenden Mechanismen. Wer aber in Sachen Wettbewerb die Nase vorne haben will, muss sich als

Häufige Fehler in der Verhaltenstherapie

besonders modern deklarieren und unbedingt die so genannten »alten Zöpfe« abschneiden, auch wenn dabei die eigentliche Zielstellung, ein gesundes und harmonisches Mensch-Hund-Verhältnis, zeitweilig auf der Strecke bleibt. Mit dem gern verwendeten Prädikat »nach modernsten Erkenntnissen« trudelt das Hundewesen in eine immer kritischer zu bewertende Richtung.

Die nachfolgende, beispielgebende Darstellung soll aufzeigen, worin das irritierende und verwirrende Durcheinander in der Fachwelt des Hundewesens begründet liegt.

Trainer A, Trainer B und Trainer C führen jeweils eine Hundeschule und arbeiten auch mit schwierigen Hunden, die als unsicher, ängstlich oder aggressiv gelten:

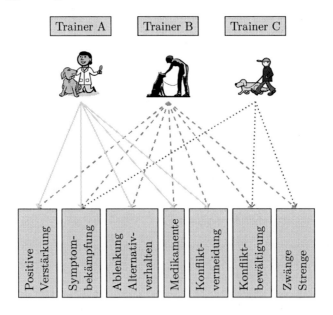

Was auf den ersten Blick unübersichtlich erscheint, wird bei näherem Betrachten durch die unterschiedliche Farbgebung schnell transparent:

Trainer A: sein Motto lautet, Konflikt- und Stressvermeidung, so gut es nur geht. Positive Verstärkung und Ablenkung durch Anbieten von Alternativverhalten stehen im Vordergrund. Er gehört zu der als

Häufige Fehler in der Verhaltenstherapie

modern geltenden Generation Hundetrainer. Er kann auch durchaus als medien- und gesellschaftskonform bezeichnet werden und zieht bei entsprechender Werbung Hundehalter fast schon magisch an. Härte, Zwänge, Stress und Konflikte meidet er, da es seiner Ansicht nach immer und in jedem Fall sanfte Alternativen gibt.

Trainer B: dieser Trainer-Typ polarisiert stark. Er ist offen für alle Bereiche, agiert variantenreich und vor allem individuell mit hoher Erfolgsorientierung. Nach dem Motto »für jeden Topf den passenden Deckel« ist er der ausgesprochen variable und flexible Typ. Er strahlt grundsätzlich Ruhe und Souveränität aus und passt Methoden und Strategien der Charakteristik des jeweiligen Hundes an. Dabei scheut er sich nicht, besonders schwierigen Hunden auch mit angemessenen Zwängen und Härte zu begegnen.

Trainer C: der Traditionalist. Sein Motto lautet, weg mit dem modernen Firlefanz! Seiner Ansicht nach hat Hundeerziehung noch nie so schlecht funktioniert, wie heute. Der Tradition scheinbar verpflichtet schwärmt er von früheren Zeiten, in denen es angeblich vergleichsweise wenige Mensch-Hund-Probleme gab, weil die Erziehung geradlinig und schnörkellos durchgeführt wurde. Er setzt auf klare, autoritäre Regeln und favorisiert ein hartes, energisches Durchgreifen nicht nur bei schwierigen Hunden.

Keine Frage, auch bei Respektierung bestehender Kompetenzen der beiden Trainer A und Trainer C im Einzelfall, mein Trainer-Wunschmodell erfüllt nur Trainer B.

Nur er kann aufgrund seiner hohen Flexibilität und Methodenvielfalt für sich in Anspruch nehmen, mit nahezu jedem Hundecharakter klar zu kommen.

Gelingt es ihm dann noch, den Zugang zu Menschen (Hundebesitzern) zu finden, ist ihm der Erfolg als Hundetrainer gewiss.

Ich hoffe abschließend, Ihnen mit diesem Einblick in das spannende Thema Verhaltenstherapie für Ihre persönliche Problemlösung bei Verhaltensauffälligkeiten unterstützende Hilfe geleistet zu haben.

Vieles werden Sie ohnehin intuitiv oder einfacher formuliert »aus dem Bauch heraus« richtig machen. Bei scheinbar nicht lösbaren Problemen sollten Sie unbedingt fachliche Hilfe und Unterstützung beanspruchen. Und dabei mit einer gehörigen Skepsis sowohl dem Wattebäuschchenwerfer als auch dem Traditionalisten begegnen.

Häufige Fehler in der Verhaltenstherapie

Der beste Weg ist – wieder einmal – der goldene Mittelweg.
In diesem Sinne wünsche ich Ihnen und Ihrem Vierbeiner alles erdenklich Gute

Kastration – Versuch einer Entscheidungshilfe

Udo Gansloßer

Die Frage nach einer möglichen Kastration wird fast jedem Hundehalter früher oder später durch den Sinn gehen. Viele Medienberichte, aber auch Empfehlungen von Hundetrainer/innen, Tierärzt/innen und anderen, die es eigentlich wissen sollten, empfehlen die Kastration aus verschiedensten Gründen. Sie wird dabei genauso als Allheilmittel für viele Verhaltensprobleme wie auch als Möglichkeit zur Vermeidung von angeblichem Leiden bei nicht ausgelebter Sexualität und als eine angeblich sehr sichere und daher empfehlenswerte Methode von Vermeidung von Tumorerkrankungen propagiert. Auch viele Tierschutzvereine und -Organisationen fordern, verlangen geradezu in ihren Übernahmeverträgen die routinemäßige Pauschalkastration aller von ihnen vermittelten und abgegebenen Hunde. Nur selten wird der Hintergrund dieses massiven Eingriffs beleuchtet, und noch viel weniger oft werden differenzierte, auf den Einzelfall abgestimmte Empfehlungen gegeben. Im Folgenden sollen einiger solcher Bedenken vorgebracht werden. Es kann in diesem kurzen Kapitel nicht darum gehen, für jeden Einzelfall eine Empfehlung zu geben, jedoch sollten alle Menschen, die einen Hund halten, sich anhand solcher und ähnlicher Überlegungen vor dem möglichen Eingriff Gedanken machen. Wer genaueres nachlesen möchte, dem sei insbesondere die zusammenfassende Darstellung von Niepel (2007), oder für die verhaltensbiologische Seite von Gansloßer (2007) empfohlen. Einige pauschale Vorbemerkungen können jedoch trotzdem gemacht werden:

- Kastration ist kein Ersatz für Erziehung. Wer glaubt, durch Kastration Probleme einfach chirurgisch wegschneiden lassen zu können, liegt garantiert falsch.

Kastration – Versuch einer Entscheidungshilfe

- Eine sogenannte Frühkastration, und darunter verstehen wir alles, was vor dem Abklingen der Pubertät passiert, ist abzulehnen (es sei denn, medizinische Gründe sprechen im Einzelfall unbedingt dafür). Frühkastrationen führen nach allen einschlägigen Erfahrungen zu chaotisch-unsicheren, meist lebenslang kindsköpfigen Hunden, die auch im Bezug auf ihre geistige Leistungsfähigkeit nicht voll ausgereift sind. Das hat mit der Entwicklung des Gehirns zu tun, wo unter dem Einfluss des Sexualhormonanstiegs in der Pubertät nochmals Nervenverknüpfungen und Zellverbindungen hergestellt bzw. überflüssige Zellareale abgebaut werden.

- Eine pauschale Kastrationsempfehlung verstößt gegen das Tierschutzgesetz. Der §6, das sogenannte Amputationsverbot, verbietet einem Tier Organe einfach so wegzuschneiden. Wer glaubt, hier das Argument der Fortpflanzungskontrolle anführen zu können, sei darüber informiert, dass nach dem Tierschutzbericht der Bundesregierung von 1999 die Gefahr einer ungehinderten Fortpflanzung, wie sie im Gesetz als Begründung für Kastrationen als Ausnahme zugelassen wird, bei Familienhunden in geordneten Verhältnissen nicht als gegeben angesehen wird. Hier ist die Einzelfallentscheidung ebenfalls dringend gefordert. Damit sind auch Verträge, die solche Forderungen stellen, nach einschlägigen Gerichtsentscheidungen nichtig. Im Zweifelsfall sollte ein Anwalt hinzugezogen werden, wenn ein Tierheim oder Tierschutzverein auf der Einhaltung solcher Verträge besteht, oder gar mit der Wiederwegnahme des Hundes bei Nichtkastration droht.

- Medizinische Einzelfallentscheidungen werden im Folgenden nicht diskutiert. Bei beiden Geschlechtern gibt es krankhafte Veränderungen an den Geschlechtsorganen oder an anderen lebenswichtigen Organen, die im Einzelfall eine Kastration erforderlich machen. Jedoch sollte auch in diesem Falle beachtet werden, dass das Verhalten, der Stoffwechsel und andere Eigenschaften des kastrierten Hundes sich trotzdem ändern. Nur weil man nicht anders konnte und die Entscheidung aus medizinischen oder therapeutischen Gründen wirklich für die Kastration fallen musste, enthebt den Halter nicht der Verpflichtung, sich bezüglich Ernährung, Verhaltensbeeinflussung

Kastration – Versuch einer Entscheidungshilfe

und anderer Faktoren auf das geänderte Wesen seines Hundes einzustellen, und den möglichen nachteiligen Wirkungen gegenzusteuern. Ganz wesentlich ist in diesem Zusammenhang auch die Frage der Ernährung. Stoffwechselphysiologisch wird der Hund in vieler Hinsicht hier schlagartig zum Senior. Erhöhter Bedarf an leicht verdaulichen bzw. biologisch hochwertigen Proteinen, reduzierter Kalorienbedarf, mehr Ballaststoffe und, speziell bei Hündinnen, erhöhter Mineralbedarf zur Vorbeugung von Osteoporose seien hier stellvertretend genannt.

- Letztlich sei auch betont, dass in Vorschriften, sei es der Gefahrhunde-Verordnung, Zuchtempfehlungen etc. normalerweise nur von einer Fortpflanzungsunfähigmachung die Rede ist. Dazu muss nicht kastriert werden. Es gibt andere Möglichkeiten der dauerhaften Unterbindung der Fortpflanzungsfähigkeit (siehe unten), die diese Forderungen auch erfüllen. Hat man also einen Hund, der als Träger eines Erbdefektes, als sogenannter Listenhund, oder einfach als Hausgenosse eines ebenfalls intakten Hundes des anderen Geschlechts nicht zur Fortpflanzung kommen soll, dann gibt es dafür die Möglichkeit der Sterilisation.

Damit wären wir gleich bei einem der wichtigsten Begriffe. Kastration bedeutet in beiden Geschlechtern die Entfernung der Geschlechtsorgane und damit auch die Entfernung der wichtigsten Drüsen für die Produktion von Sexualhormonen. Die Geschlechtsorgane sind jedoch nicht die einzigen Hormondrüsen, die Geschlechtshormone produzieren. Auch die Nebennierenrinde produziert Geschlechtshormone, insbesondere produziert sie auch das Hormon des »anderen Geschlechts«, also Testosteron bei weiblichen und im gewissen Umfang Östrogene bei männlichen Tieren. Sterilisation dagegen bedeutet in beiden Geschlechtern die Unterbindung, sei es durch Herausnehmen, Abbinden, Klipp oder andere Maßnahmen, der ausführenden Gänge, also des Eileiters bzw. Samenleiters. Damit bleiben die Geschlechtsorgane intakt, die Geschlechtshormon-Produktion wird weitergeführt, aber eine Zeugung von Nachwuchs ist zuverlässig unterbunden. Dieser Eingriff ist bei männlichen Hunden absolut unproblematisch und Routine, bei weiblichen ist er mit gewissen Vorsichtsmaßnahmen zu verbinden und hat

Kastration – Versuch einer Entscheidungshilfe

ein etwas höheres Nachfolgerisiko, auch dieses ist jedoch durchaus im tragbaren Rahmen.

Die folgende Auflistung von Verhaltensproblemen, bei denen eine Kastration empfohlen wird, und eine Kurzstellungnahme dazu, ob die Kastration hier wirklich Erfolg haben könnte, basiert zum Teil auf den statistischen Erhebungen der sogenannten Bielefelder Studie (Näheres siehe Niepel 2007), zum Teil auf hormonphysiologischen Grundlagenarbeiten oder auf anderen Veröffentlichungen mit Erfahrungsberichten beim Hund. Auch die Praxis und Alltagserfahrungen vieler Hundetrainer/innen, die Fallbeispiele in Seminaren beigetragen haben, runden dieses Bild ab. Da die Gegebenheiten bei Rüden und Hündinnen etwas unterschiedlich sind, wird die folgende Liste nach Geschlechtern getrennt aufgeführt.

Männliche Hunde sind hormonphysiologisch und im Verhalten etwas einfacher zu beurteilen, daher beginnen wir mit den Rüden:

- Eine häufig genannte Begründung für die Kastration ist das Auftreten von Aggressions- bzw. Dominanzverhalten. Diese pauschale Aussage muss jedoch, aus verhaltensbiologischer wie auch hormoneller Sicht, sehr viel differenzierter betrachtet werden. So gilt es als absolut ungeeignet, Tiere, die aus Angst, Unsicherheit oder gar Panik zu Aggressionsanfällen neigen, zu kastrieren. Die Sexualhormone haben nämlich im Gehirn auch noch eine angstlösende Nebenwirkung, und wenn diese wegfällt, werden solche Panik-und Angstattacken noch schlimmer.

- Ebenso unbeeinflusst von der Sexualität sind Revierverteidigung, Warnverhalten (Bellanfälle) bei Fremden in der Wohnung, aber auch Jungtierverteidigung und das sogenannte Eifersuchtsverhalten. Auch männliche Hunde sind durch das sogenannte Elternhormon Prolaktin auf die Betreuung und Verteidigung des familieneigenen Nachwuchses eingestimmt, was beispielsweise zur Verteidigung von Kindern oder Welpen der eigenen Familie gegen Fremde und mögliche Bedrohungen führt. Ebenso wird die wichtigste Beziehungsperson, nämlich der Halter bzw. ganz besonders die Halterin, nicht unter dem Einfluss von Sexualhormonen, sondern unter dem Einfluss des sogenannten Partnerschutz- und Eifersuchtshormons Vasopressin verteidigt. Diese

Kastration – Versuch einer Entscheidungshilfe

Wirkung, ebenso wie die Wirkung des Elternhormons Prolaktin, ist im günstigsten Falle unabhängig von der Anwesenheit von Sexualhormonen, kann, zumindest bei Prolaktin, sogar nach der Kastration verstärkt auftreten.

- Ebenso differenziert ist die Auswirkung einer möglichen Kastration auf das sogenannte Streunen zu betrachten. Die Tendenz männlicher Säugetiere, auch Hunde, ein stärkeres Patrollierverhalten im Revier zu zeigen, größere Streifgebiete zu nutzen, diese regelmäßig abzulaufen, zu kontrollieren und zu markieren wird zwar unter dem Einfluss der Sexualhormone im Gehirn angelegt, diese Beeinflussung der entsprechenden Zentren im Gehirn geschieht jedoch, nach allem was wir wissen, bereits vor der Geburt. Nachgeburtlich wird hier kein großer Einfluss mehr zu erwarten sein. Einzig und allein das konkrete »Ausbüchsen« des Rüden bei direkter Anwesenheit einer läufigen Hündin in der Nachbarschaft kann, weil unmittelbar sexuell motiviert, dann durch Kastration eventuell verringert werden.

- Ebenso verhält es sich mit dem eigentlichen Sexualverhalten durch Aufreiten und Paarungsbewegungen. Dieses Verhalten, das häufig als Dominanz- oder Hypersexualitätsverhalten bezeichnet wird, ist nicht immer unter dem Einfluss der Sexualhormone. Es kann sich um eine Bewegungsstereotypie zum Stressabbau handeln, um eine Art fehlgeleiteten Besitzanspruch gegenüber dem Halter oder der Halterin, oder in seltenen Fällen tatsächlich um Ausbildung einer Rangordnung. Vielfach aber ist es einfach nur Spiel, insbesondere, wenn es zwischen mehreren Hunden in einer etablierten Gruppe auftritt. Durch Kastration beeinflussbar ist im Wesentlichen nur derjenige Teil des Sexualverhaltens, der echt sexuelle Motivationen zur Grundlage hat. Ob dies im Einzelfall der Fall ist, muss durch Analyse der auftretenden Situationen mit professioneller Hilfe geklärt werden. Ebenso ist zu beachten, dass, wie das in der Verhaltensbiologie allgemein bekannte Prinzip der »doppelten Quantifizierung« aussagt, auch kastrierte Rüden bei Abwesenheit ihrer Sexualhormone dann vollständiges Paarungsverhalten einschließlich dem abschließenden Hängen zeigen können, wenn sie von einer läufigen Hündin entsprechend stark motiviert werden. Solche Fälle treten selbst jahrelang nach der Kastration noch auf.

Kastration – Versuch einer Entscheidungshilfe

- Dass Jagen und andere Verhaltensweisen durch Kastration nicht beeinflussbar sind, sollte nach dem oben Gesagten über die Wirkungen der Sexualhormone sowieso klar sein.

- Auch das sogenannte Dominanzverhalten des Hundes gegenüber dem Halter oder der Halterin ist meist nicht durch eine Wegnahme der Sexualhormone zu beeinflussen. Umso mehr gilt dies (siehe Kapitel Baumann und Kaiser), weil das meiste als Dominanzverhalten interpretierte Verhalten eines Hundes auf mangelnden Führungsanspruchs des Menschen und nicht auf Dominanzbestreben des Hundes selbst zurückzuführen ist.

- Als durch Kastration positiv beeinflussbare »Problemverhalten« verbleiben daher beim männlichen Hund nur zwei Bereiche: Eine wirkliche Hypersexualisierung, meist bei kleineren und/oder stark Adrenalin gesteuerten, also extrovertierten und nervösen Rassen, wobei dann die Einzelfallbeurteilung erfolgen müsste, ob es sich wirklich um Sexualverhalten handelt.

- Rangordnungs- und Status-Auseinandersetzungen regelmäßiger Art mit anderen Hunden, insbesondere anderen männlichen Hunden.

Die Möglichkeit, durch eine sogenannte chemische Kastration die Wirkung der Wegnahme von Testosteron zu simulieren und dadurch einen Rüden zu beurteilen, wie er sich nach der echten, chirurgischen Kastration entwickeln würde, ist heute glücklicherweise zuverlässig gegeben. Es handelt sich um ein Hormonimplantat, dass die Ausschüttung aller Sexualhormone über einen Zeitraum von mehreren Monaten zuverlässig unterbindet. Dieses Präparat (Handelsname Suprelorin, als sogenannte GnRH – Down Regulation bezeichnet) hat im Regelkreis des Hormonhaushalts etwa die gleiche Wirkung wie das Anzünden eines offenen Feuers in einem durch Zentralheizung mit Thermostat kontrollierten Zimmer. Nach anfänglicher Überhitzung des Raumes schaltet sich die Heizung völlig aus, nach Verglimmen des Feuers bleibt es lange Zeit kalt, bevor der Thermostat wieder anspringt. Diese Beispiel erklärt, was bei der Implantation des GnRH- Down Regulationschips im Hormonhaushalt passiert. Zu beachten ist lediglich, dass in den ersten

Kastration – Versuch einer Entscheidungshilfe

Wochen nach der Implantation eine starke Vermehrung der Testosteron-Produktion einsetzt, in dieser Zeit muss der Hund entweder zuverlässig kontrolliert oder durch ein zusätzliches zweites Medikament wieder eingestellt werden. Danach findet man jedoch über einen Zeitraum von mehreren Monaten zuverlässig genau die Verhaltensänderungen, die auch bei einer echten Kastration eintreten würden, und kann beurteilen, welche Folgen der Eingriff langfristig haben würde.

Zu beachten ist des Weiteren, dass, auch wenn die Kastration erfolgt ist, eine Reihe von Veränderungen im Körperbau eines kastrierten männlichen Tieres auftreten. Dies betrifft z.B. verringerten Muskelaufbau, Lockerung des Bindegewebes (was auch Bänder und Gelenkkapseln betreffen kann) und Fellveränderungen. Ebenso ist der verringerte Grundenergiebedarf eines kastrierten Tieres zu beachten. Man könnte also ohne weiteres sagen, dass ernährungs- und stoffwechselphysiologisch der kastrierte Hund schlagartig zum Senior wird und auch mit entsprechend geänderter Nahrung verpflegt werden muss.

Komplizierter liegen die Verhältnisse bei den weiblichen Hunden. Dazu trägt vor allem bei, dass wir es hier mit mehreren Sexualhormonen zu tun haben, die im Laufe des sogenannten Läufigkeitszyklus zu unterschiedlichen Zeiten ausgeschüttet werden. Ohne hier in die Details einsteigen zu wollen, sei kurz auf das Phänomen der sogenannten Scheinschwangerschaft eingegangen. Es ist ein generelles Merkmal aller Hundeartigen, nicht nur des Haushundes, dass eine Hündin nach erfolgter Läufigkeit zunächst hormonell in den Zustand der Scheinschwangerschaft versetzt wird. Dies ermöglicht den Hündinnen eines Rudels, auch dann in der Welpenpflege und Jungtierbetreuung mit eingesetzt zu werden, wenn sie selbst keinen Nachwuchs haben. Dieser zunächst durch das Schwangerschaftshormon Progesteron ausgelöste Zustand der Scheinschwangerschaft ist unter anderem verantwortlich für die etwas ruhigere, oft auch anlehungs- und nähebedürftigere Verhaltensänderung der Hündin nach der sogenannten Stehphase, also der Zeit des Eisprungs und der Begattungsfähigkeit. Nach ca. 2 Monaten wird dieser, vom Schwangerschaftshormon Progesteron gesteuerte Teil der echten Scheinschwangerschaft abgelöst von dem Teil, der den Hundehaltern/innen viel stärker auffällt, nämlich den vom Elternhormon Prolaktin gesteuerten Teil, den man besser als Scheinmutterschaft bezeichnen sollte. Hierbei kommt es dann zu den bekannten Erscheinun-

Kastration – Versuch einer Entscheidungshilfe

gen von Gesäugevergrößerung, Milchproduktion, Quietschtier hüten, Wurfhöhlen graben und anderen. Weniger bekannt ist, dass dieser zweite Teil, die Scheinmutterschaft, auch ohne vorangehende Läufigkeit auftreten kann, nämlich dann wenn z.b. die Besitzerin schwanger wird, ein neues Baby oder ein neuer Hundewelpe ins Haus kommt, oder sonst in der unmittelbaren familiären Umgebung der Hündin irgendetwas passiert, was sie geruchlich, durch Umgang mit einem Welpen oder in anderer Weise verhaltensbiologisch in Brutpflegestimmung versetzt. Häufig geschieht so etwas auch bei kastrierten Hündinnen. Dies ist verständlich, wenn man weiß, dass das Elternhormon Prolaktin eben aus der Hirnanhangsdrüse stammt, und dass diese Hormonproduktion über Sinnesorgane oder andere Zentren des Gehirns auch direkt und ohne Verknüpfung mit den Geschlechtsorganen angesteuert werden kann.

Ebenso ist, wie oben bereits angedeutet, zu beachten, dass die Nebennierenrinde der Hündin ebenfalls Sexualhormone produziert und zwar vorwiegend das Testosteron. Es gibt bekanntermaßen Hündinnen, die einen sehr männlichen Typ repräsentieren, dies kann bis zum Beinchenheben beim Urin absetzen gehen, aber auch die Gestalt, die Bemuskelung, den Knochenbau und das Verhalten betreffen. Diese, meist durch vorgeburtliche Einflüsse während der Schwangerschaft vorbereitete etwas männlich wirkende Hündin wird durch eine Kastration eine ganz andere Entwicklung nehmen als ihre typisch weibliche, eher Östrogen gesteuerte Artgenossin. Daraus ergeben sich für die Hündin folgende Erwartungen, die auch wiederum durch die statistischen Ergebnisse der Bielefelder Studie und anderer Veröffentlichungen gestützt werden:

- Kastration als Mittel zur Aggressionskontrolle ist bei Hündinnen nur dann Erfolg versprechend, wenn es sich um Aggressionsauffälligkeiten eindeutig im Zusammenhang mit dem Läufigkeitsdatum handelt. Nur Hündinnen, die vor und nach der Läufigkeit kurzzeitig aggressiv oder unleidig werden, können durch die Kastration gegebenenfalls eine Besserung erzielen. Hündinnen, die ganzjährig rüpelhaft mit anderen Hunden sich statusbezogen aggressiv auseinandersetzen, sind durch die Kastration in vielen Fällen schlimmer geworden, da dieses Verhalten nach Wegfall des körpereigenen weiblichen Sexu-

Kastration – Versuch einer Entscheidungshilfe

alhormons dann durch das Testosteron aus der Nebennierenrinde noch verstärkt ausgeführt werden kann.

- Genau wie beim Rüden sind die Verhaltensweisen der Jungtierverteidigung, der Partnerschutz- bzw. Eifersuchtsaggression und der Revierverteidigung bei Hündinnen vom Sexualhormonpegel unabhängig.

- Ebenso genau wie beim Rüden ist die durch Angst, Unsicherheit oder Panik ausgelöste Aggression, oder auch andere Problemverhalten aus dem Bereich der Angst- und Unsicherheitssteuerung, nicht beeinflussbar. Die Bielefelder Studie hat in einigen Fällen eine Verbesserung der Angstproblematik bei Hündinnen nach der Kastration ergeben. Dies traf jedoch auch nicht auf alle Hündinnen zu, möglicherweise hängt es hier wiederum mit der Frage der Testosteron-Konzentration dieser speziellen Hündinnen zusammen. Eher östrogengesteuerte, typisch weibliche Hündinnen werden nach der Kastration möglicherweise ebenso wie Rüden unsicherer werden, eher testosterongesteuerte, denen nach der Kastration die Nebennierenrinde einen erhöhten Sexualhormonpegel verschaffen könnte, werden eventuell eine Verbesserung erzielen. Diese Vermutung ist jedoch noch nicht statistisch belegt.

- Ebenso wie beim Rüden sind selbstverständlich Verhaltensweisen des Jagens und des Beutefangs völlig unabhängig von der Kastration.

- Das Auftreten der unangenehmeren, für Halter und bisweilen auch Hündin störenden Erscheinungen der Scheinschwangerschaft und vor allem der Scheinmutterschaft ist nur dann unter der Kontrolle der Sexualhormone und damit durch Kastration beeinflussbar, wenn es sich um das regelmäßige zyklusbedingte Verhalten handelt. Anwesenheit von Babys, schwangeren Familienmitgliedern oder ähnlichen lässt die Scheinmutterschaft auch bei Kastraten noch auftreten.

Bei Hündinnen wird sehr oft als Begründungen für eine vorbeugende Kastration die angeblich sehr starke Verringerung von Tumorrisiken angegeben. Neuere Untersuchungen und Statistiken von Wehrendt (zitiert und ausführlich behandelt bei Niepel 2007) lassen hier jedoch ein ganz

Kastration – Versuch einer Entscheidungshilfe

anderes Bild entstehen. Risikofaktoren für das Entstehen von Tumoren, insbesondere Gesäugetumoren, sind nicht primär das Vorhandensein der intakten Geschlechtsorgane. Vielmehr sind Fettleibigkeit und zu eiweißreiche Ernährung im ersten Lebensjahr oder das wiederholte hormonelle Unterdrücken der Läufigkeit hier als Risikofaktoren viel höher zu bewerten. Und die Auftretenswahrscheinlichkeit von diesen Tumoren in der Gesamtmasse der unkastrierten Hündinnen liegt nur bei weit unter 10 %, sodass die dann im Folgenden immer genannten Zahlen von 80%iger Reduktion des Tumorrisikos auch in ganz anderem Licht zu betrachten sind.

Abschließend sollte auch auf die sogenannte Leidensentstehung durch unerfüllte Sexualität bei Hunden nochmals eingegangen werden. Diese Erwartung, dass Hunde, egal welchen Geschlechts, leiden würden, wenn sie ihren Sexualtrieb »nicht ausleben können«, beruht auf falschen Einschätzungen. Untersuchungen an verwilderten Haushunden (vergleiche Bloch 2007), aber auch vielen Wildhundearten zeigen eindeutig, dass die Mehrzahl der Rudelmitglieder in einem Familienverband kaum jemals bis gar nicht die Möglichkeit zur eigener sexueller Betätigung hat. Die Fortpflanzung ist nun mal bei Hundeartigen sehr stark mit der Rangposition gekoppelt. Daher ist es für Hundeartige im Gegensatz zu unseren äffischen Verwandten (deren stammesgeschichtliches Erbe wir immer noch in uns tragen) völlig normal, dass ca. 80% der Erwachsenen in einem Rudel keine sexuelle »Befriedigung« erleben können. Gekoppelt mit der Tatsache, dass Sexualität wegen der kurzen Läufigkeitszeiten ohnehin nur zu einem sehr kleinen Teil des Jahres möglich wäre, führt dies bei Hundeartigen eben nicht zu einem erkennbar unzumutbaren Leidensdruck. Demgegenüber steht die, wie oben gezeigt, doch sehr starke Beeinflussung von Verhalten und Körperbau eines Hundes nach der dauerhaften Entfernung der Geschlechtsorgane. Eine Kastration ist nun einmal ein tiefgreifender Eingriff in den Hormonhaushalt und damit auch in verschiedene Verhaltens- und Persönlichkeitsbereiche des Tieres und sollte keineswegs leichtfertig, schon gar nicht aus Bequemlichkeit oder vorbeugend befürwortet werden. Selbstverständlich ist, dass eine Verhaltenskontrolle der Hunde insbesondere bei Läufigkeiten in ihrem normalen sozialen Umfeld erfolgen muss, um wirklich die Entstehung unerwünschten Nachwuchses zu verhindern. Dies sollten Hundehalter/innen jedoch auch ohne die Zwangsmaßnahme eines chir-

Kastration – Versuch einer Entscheidungshilfe

urgischen Eingriffs noch bewältigen können. Ebenso ist klar, dass bei Auffälligkeiten, insbesondere bei Hündinnen, bei sich stets verkürzenden Läufigkeits-Intervallen oder bei massiven, mit Entzündungen und anderen krankhaften Veränderungen z.b. des Gesäuges einhergehenden Scheinschwangerschafts- und Scheinelternschaftsproblemen ein Tierarzt konsultiert werden sollte.

Glücklicherweise gibt es mittlerweile auch viele tierärztliche Praxen, in denen die Pauschalkastration nicht mehr empfohlen wird und die sich auch weigern, Frühkastrationen vorzunehmen. Allen Hundehaltern/innen kann nur empfohlen werden, sich solche Praxen für die Behandlung ihres vierbeinigen Familienmitglieds auszusuchen und sich die Entscheidung für oder gegen die Kastration nach reiflicher Diskussion unter Berücksichtigung der oben genannten und anderer allgemein zugänglicher Argumente intensiv zu überlegen.

Literatur

Bloch, G. (2007): *Die Pizzahunde.* Stuttgart: Kosmos.

Gansloßer, U. (2007): *Verhaltensbiologie für Hundehalter.* Stuttgart: Kosmos.

Niepel, G (2007): *Kastration beim Hund – Chancen und Risiken – eine Entscheidungshilfe.* Stuttgart: Kosmos.

»Such und Bring für Familienhunde« – Einsatz für unkontrolliert hetzende Hunde

Ulrike Thurau

Beschäftigung und Auslastung für mehr Harmonie im Team Mensch & Hund

Grundsätzlich lebt die vielfach beschriebene harmonische Beziehung von Mensch und Hund von sozialen Kontakten, wie z. B. dem Kuscheln, dem Streicheln, dem körperbetonten Spiel ohne Gegenstände, der freundlichen Ansprache ohne direkten Anlass bei entspannter Stimmung und Miene sowie dem ausgelassenen Toben. Ebenso etablieren gemeinsame wahlweise entspannte, erlebnisreiche und abwechslungsreiche Erkundungsausflüge die Beziehung zwischen den Individuen Hund und Mensch. Sie stellen somit einen unverzichtbaren Bestandteil des täglichen Miteinanders dar. Beschäftigungsformen und Auslastungsmodelle sollten isoliert betrachtet nicht als Ersatz für den Aufbau positiver sozialer Beziehungen zum Lebenspartner Hund fungieren. Vielmehr sind sie als sinnvolle Ergänzung im Zusammenleben mit dem Hund zu werten.

Wer glaubt allein durch das Beschäftigen oder Auslasten des Vierbeiners eine eventuelle Schräglage in der Beziehung wieder gerade rücken zu können, dem sei gesagt, alleine dadurch wird es nur in den seltensten Fällen funktionieren. In den einzelnen Kapiteln dieses Buches werden bereits zahlreiche konkrete Hinweise und Informationen dazu gegeben, wie sich eine für Mensch und Hund entspannte, harmonische Beziehung in gesunder Balance aufbauen und führen lässt.

In diesem Beitrag werden wir uns der Beschäftigungsform »Such & Bring« für Familienhunde widmen und deren gezieltem Aufbau des Trainings speziell für unkontrolliert hetzende Hunde.

Such und Bring für Familienhunde

»Such und Bring« für Familienhunde

Modelle zur Beschäftigung und Auslastung des Vierbeiners gibt es zugegebenermaßen eine ganze Fülle unterschiedlichster Art. Als ideale Form hat sich jedoch das Training »Such & Bring für Familienhunde«, hergeleitet vom Apportieren, herausgestellt. Der Ursprung des Apportierens (lat./franz. apportare »herbeibringen«) kommt aus der Jagd und bezeichnet das Heranbringen des vom Jäger geschossenen Wildes durch den Jagdhund. Längst sind es aber nicht nur Jagdgebrauchshunde, die sich für das Apportieren begeistern lassen. So findet man heute darunter Mixe aller Couleur sowie Vertreter fast aller Rassen.

Die zahlreichen Vorzüge der Beschäftigungsform, »Such & Bring«, die im Übrigen exakt auf die Anforderungen und Bedürfnisse von Familienhunden abgestimmt ist, werden in diesem Kapitel näher erläutert. Die Stabilität der Beziehung von Mensch und Hund steht dabei im Fokus.

Such und Bring für Familienhunde

Durch die Beschäftigungsform werden kleine und große Schritte gegangen, die schlussendlich dem Zweck dienen, dass der Hund soviel Freiheiten wie möglich und so wenig Beschränkungen wie nötig erleben kann. Es ist geeignet für alle Hunde und somit unabhängig von Alter, Größe und Rasse. Zusätzlich kann das Training optimal an die körperliche, mentale und gesundheitliche Verfassung des Hundes angepasst werden. Als sehr vorteilhaft gilt ebenso, dass sich diese Form der gemeinsamen gezielten Beschäftigung im Haus ebenso wie außerhalb desgleichen und somit selbstverständlich auch auf den Spaziergängen umsetzen lässt. Dieser Umstand ist besonders wichtig, da das gezielte Training hin zu einer Verhaltensänderung dort stattfinden kann, wo das »Problem« besteht. Denn schließlich hat diese, richtig und mit Bedacht ausgeführte, Beschäftigungsform durchaus auch den Nebeneffekt Gehorsamsübungen mit hohem Spaßfaktor einzubinden.

Von größter Bedeutung sollte jedoch sein, dass Mensch und Hund gleichermaßen Freude am »Suchen und Bringen« für Familienhunde haben. Durch die gemeinsame Beschäftigung lernen sich Hund und Mensch intensiver kennen, die körperlichen Fähigkeiten der Beteiligten werden durch den jeweils anderen bewusst wahrgenommen. Auf der Couch liegen beide relativ gleich, das Sitzen verhält sich auch noch sehr ähnlich. Die Geschicklichkeit des Menschen z.B. seine Hände zum Tragen einzusetzen sowie die Geschicklichkeit des Hundes mit dem Fang zu transportieren zeigen jedoch die ersten deutlichen Unterschiede auf. Gleiches wird erkennbar, wenn der Hund z.B. einen Gegenstand, der in einen Maulwurfhügel eingebuddelt ist, bereits nach kurzer Suche, dank seiner leistungsstarken Nase, findet. Der Mensch hingegen, mit der Nase suchend, wohl mehrere Tage oder gar Wochen benötigen würde, wenn er es überhaupt allein durch den Einsatz der Nase finden würde.

Zum Vergleich: Hunde verfügen im Schnitt über 200 Millionen Geruchsrezeptoren, Menschen über höchstens 5 Millionen (Quelle: petgroup Anforderungskatalog V3-2009)

Die Beschäftigungsform »Such & Bring« wird ebenso zum Setzen von Grenzen (Abbruchsignalen), als auch zur gezielten Kontrolle bestimmter Handlungsabläufe eingesetzt und somit zur unterstützenden Erziehung des Hundes genutzt. In den Vordergrund des Umgangs sollten Spaß, Lockerheit und bedacht dosierte Konsequenz treten.

Such und Bring für Familienhunde

Apportieren oder »Such & Bring«, wenn auch gerne an unterschiedlichsten Stellen derart kommuniziert, stellen keinen Jagdersatz dar. Schließlich merkt der Hund, dass der Gegenstand nicht lebt und sich bei Verfolgung nicht von ihm wegbewegt. Viele Hunde lassen sich jedoch auf das Suchen, Heranbringen und Herausgeben von Gegenständen als Alternative ein. Was bedeutet, sie sind so begeistert bei der Sache, dass sie während des Holens oder Bringens gerne einen vorbei hoppelnden Hasen oder ein anderes flüchtendes Wildtier links liegen lassen. Bei diesen Hunden ist allerdings davon auszugehen, dass Sie ohnehin nie wirklich passionierte Jäger waren sondern eher aus Langeweile, aus einer Laune/Lust heraus, oder einfach nur um ihren Menschen eine Lehrstunde im Hetzen zu erteilen, Wild verfolgt und eventuell sogar gestellt haben.

Die wenigen Hunde, bei denen der Anblick eines sich schnell vom Hund weg bewegenden Tieres die Aktion Hetzen auslösen, sinnbildlich sie also agieren, wie bei einem umgelegten Schalter, bei denen vermag ich zu bezweifeln, dass im Ernstfall, wenn der optische bzw. olfaktorische Reiz nur groß genug ist, sich der Hund statt dem Verfolgen des Flüchtigen, für den mit einem Dummy ausgestatteten Menschen, das fliegende Dummy oder dem mit dem besten Antijagdspezialpremiumfutter vollgestopften Futterbeutel als Alternative entscheiden.

Aus der Erfahrung heraus lässt sich jedoch sagen, dass die Vielzahl der Hunde, die scheinbar mit Wonne hetzen oder auf Spurensuche sind, sich durch das gezielte Training davon abhalten lassen und die ihnen gebotene Alternative, das Suchen & Bringen, mit einer noch größeren Wonne annehmen.

Ihre Kreativität und Ihre Intention ist bei dieser Form der Beschäftigung, die sich enorm variationsreich darstellen lässt, gefordert. Bieten Sie Ihrem Hund die Möglichkeit Lösungsstrategien zu finden und unterstützen Sie ihn dabei, bis Ihr Hund sich bei Ihnen in für ihn schwierigen Situationen Unterstützung holt, bei Ihnen eine Rückmeldung erbittet, nachfragt wie er eine Aufgabe lösen kann. Durch diese Unterstützung wird er merken, wie sehr Sie ihn fördern und welche Vorteile sich für ihn aus seiner Kooperationsbereitschaft ergeben. Sie sind durch das gemeinsam Erlebte und positiv Gelöste für ihn ein interessanter, wichtiger Partner geworden. Sich an diesem zu orientieren, auf dessen Entscheidungen zu vertrauen, bringt Vorteile. An dieser Stelle sei gegenüber

Such und Bring für Familienhunde

> **Jagdverhalten**
> Bei wild lebenden Tieren treten Bewegungsmuster üblicherweise in funktionalen Sequenzen auf. Eine funktionelle Sequenz ist eine Abfolge von Bewegungsmustern, die zur Befriedigung eines biologischen Bedürfnisses führt. Ein Beispiel für die Sequenz Jagen – Töten – Fressen für einen Fleischfresser im Allgemeinen wäre: *Orten-Fixieren-Anpirschen-Hetzen-Packen-Töten-Zerreißen-Fressen* (Coppinger 2001)
> **Beuteorientiertes Jagen** – Bei ausgeprägten Bestandteilen genetisch fixierter Erbmerkmale so genannter Jagdhundrassen liegt die Motivation des Jagens primär in der Endhandlung (Beute finden, Beute erlegen bzw. Beute verzehren). Fehlt die Motivation zur Endhandlung, dienst das Jagen häufig als Alternativhandlung (Pseudo-Jagen) zu mangelnder Beschäftigung und oder Auslastung.
> **Alternatives Jagen** – Entsteht häufig bei nicht zielgerichteter Auslastung und oder Beschäftigung und ist gekennzeichnet durch eine fehlende Motivation zur Endhandlung und somit zum Beuteerwerb. In der Verhaltensmodifizierung kann dem alternativen Jagen als vom Menschen unerwünschtes Verhalten meist wesentlich erfolgreicher begegnet werden, als dem beuteorientierten Jagen. Häufig hilft dabei eine zielgerichtete Verhaltenskanalisierung durch alternative Auslastungsmodelle (*pet-group* Anforderungskatalog V3 2009, Baumann 2008).

dem verantwortungsvollen Sozialpartner Mensch erwähnt, dass es nicht darum geht, ein Abhängigkeitsverhältnis zu schaffen, in dem der Hund nur durch Zutun des Menschen zum Erfolg kommt, sondern das Ziel ist das wechselseitige Lösen von Herausforderungen, in denen jeder Partner das dazu beiträgt was er eben am Besten kann.

Am Beispiel des Trainings mit dem Futterapportel, einem mit Futter befüllten Täschchen, welches verschlossen ist, lässt sich dies gut darstellen. Der Mensch ist für das Aufspüren der Region zuständig in der sich in einem bestimmten Radius das Täschchen befindet, der Hund für das Suchen und Heranbringen, der Mensch wiederum für das Öffnen des

Such und Bring für Familienhunde

Täschchens mit dem Resultat, dass beide aus dem Täschchen fressen können. Gemeinsam sind sie in kürzester Zeit zum Erfolg gekommen. Somit bringt diese Kooperation für beide Teile gleichermaßen Erfolg, jeder hat seinen Teil dazu beigetragen.

Die Basis der erfolgreichen »Such & Bring«-Beschäftigung, freudige, ausgelassene Stimmung sowie der Schwenk zu disziplinierter Ausführung einer an den Hund gestellten Aufgabe, die dieser gerne und mit Freude ausführt, werden Sie nur erreichen, wenn Sie und Ihr Hund gleichermaßen Spaß an dieser Beschäftigungsform haben.

Der gegenseitige Respekt vor den Fähigkeiten und Leistungen des jeweils anderen Partners wird gefördert, und somit eine gesunde Basis für eine entspannte Beziehung zwischen Mensch und Hund geschaffen, was nachfolgend im Einzelnen noch detailliert erläutert wird.

Such und Bring für Familienhunde

Such und Bring – keine Frage des Alters sondern des Typs

Zu jung oder zu alt gibt es nicht. Der Welpe kann ebenso wie der Senior hervorragend und individuell abgestimmt durch »Such und Bring« beschäftigt werden. Die Intensität und der Schwierigkeitsgrad sind unbedingt auf den physischen und psychischen Belastungszustand jedes einzelnen Tieres abzustimmen. So ist es selbsterklärend, dass der z.B. an einem oder mehreren Läufen gesundheitlich beeinträchtigte Hund nicht über das anspruchsvollste Gelände zum Suchen und Bringen des Gegenstandes geschickt wird. Schnelle Aufbruchbewegungen oder abrupte Stopps sind ebenso zu vermeiden. Der in der Herzfunktion beeinträchtige Hund wird nicht in der Abfolge zu mehreren Dummys geschickt sondern es werden immer wieder angemessene, ausreichende Pausen Berücksichtigung finden. Der Hund, der sich ohnehin nicht viel zutraut wird zunächst mit leichten, seinem mentalen Zustand angepassten, Aufgaben konfrontiert, die ihn möglichst einfach zum Erfolg führen ohne, dass er sich dabei Über- oder Unterfordert fühlt.

Es geht darum, für jeden Hund aus der Vielfalt der Varianten genau die exakt passende Form zusammenzustellen, die dem individuellen Typ gerecht wird bzw. genau auf das zu verändernde Verhalten des Hundes abgestimmt ist. In unserem Beispiel auf den Hund, der aus Sicht des Menschen unkontrollierbares Hetzen zeigt.

Die Wahl des Gegenstandes

Dummys: Mit Granulat gefüllte Stoffsäckchen eignen sich aufgrund ihrer Form und ihrer Flugeigenschaften sowie ihrer Schwimmfähigkeit und des Ausbleiben des Dotzens beim Aufkommen besonders gut und werden von uns zum Training empfohlen.

Snacktäschchen, Futterapportel eignen sich für den Trainingsaufbau bei Hunden, die zu Beginn des Trainings noch an das Zurückbringen herangeführt werden müssen, und für Hunde, die zunächst für das Suchen, Aufnehmen und Zurückbringen und somit für den kompletten Vorgang begeistert werden müssen. Während des Trainings können die Täschchen immer mal wieder z.B. bei ganz besonders schwierigen Aufgaben eingesetzt werden, um die Belohnung zu erhöhen.

Such und Bring für Familienhunde

Nutzen Sie von Beginn des Trainings an immer den gleichen Gegenstand. Geben Sie diesem dem Hund nicht zur freien Verfügung. Der Gegenstand ist etwas ganz Exklusives, wenn er zum Vorschein kommt soll es den Charakter eines ganz besonderen Anlasses haben. Der Gegenstand ist Ihnen wichtig, gehen Sie ebenso behutsam mit ihm um, wie mit Ihrem Handy oder Ihrem Schlüssel. Lassen Sie ihn nicht unachtsam irgendwo herum liegen. Der Hund soll merken, dass Ihnen der Gegenstand sehr wichtig ist.

Stimmungsübertragung und Körpersprache

Gerade bei der gemeinsamen Beschäftigung »Such & Bring« werden Distanzveränderungen in das Training integriert. Der Hund soll sich im Nahbereich (Distanz um den Menschen bis zu 5 Metern) und im Fernbereich des Menschen (Distanz zum Menschen größer als 5 Meter) durch diesen anleiten lassen. Das erfordert ebenso einen sensiblen Umgang mit der Körpersprache, wie den feinen Einsatz der Stimme, der gesamten Ausstrahlung, wobei Körpersprache/Ausdrucksverhalten gegenüber dem Einsatz der Stimme unbedingt Vorrang zu gewähren ist.

Abstand von »Such & Bring für Familienhunde« sollten Sie nehmen, wenn Sie sich z. B. vor dem vollgesabberten, mehrfach durch Schlamm und Matsch oder sonstigen Hinterlassenschaften gezogenen, »Such & Bring« Gegenstand ekeln. Der Hund würde sonst den Gegenstand, erfüllt mit Stolz, zu Ihnen bringen und von Ihnen lediglich ein zaghaftes Entgegennehmen kombiniert mit einem nichtfreudeausdrückendem Gesichtsausdruck und abweisender Körpersprache erhalten. Ihr gesprochenes Lobwort wird den Eindruck des Hundes, dass Sie den Gegenstand eigentlich gar nicht haben wollen, nicht täuschen. Künftig wird er also nicht gerade motiviert sein Ihnen den Gegenstand zu bringen, denn Sie signalisierten bereits offensichtlich diesen nicht haben zu wollen und keinen Spaß an der Beschäftigung zu haben. Er wird sich, wenn überhaupt, selbst mit dem gefundenen Gegenstand beschäftigen und/oder Sie lediglich als Wurf- bzw. Versteckmaschine benutzen. Mit gemeinsamer Zielerreichung und gemeinsamem Spaß hat das dann allerdings wenig zu tun.

Such und Bring für Familienhunde

Der Hund soll auch in über 20 Metern Entfernung noch erkennen, was der Mensch ihm mitteilen möchte und dies möglichst deutlich und nahezu unmissverständlich. Der gezielte Einsatz von Körpersprache und Stimme haben demnach im Training eine große Bewandtnis. Schnell wird dem Menschen klar, was der Hund alles wahrnimmt und welch große Auswirkung eine kleine Veränderung seiner Körpersprache bzw. seiner Stimme hat. Missverständnisse entstehen hierbei, gerade zu Beginn des Trainings, fast vorprogrammiert. Daraus resultiert jedoch, dass sowohl der Mensch als auch der Hund sensibler auf die Signale des jeweils anderen reagieren. Was schlussendlich zu einem besseren gegenseitigen Verständnis führt. Und wer den anderen versteht und seine Versuche und Bemühungen der Mitteilung richtig zu deuten weiss, wird langfristig ein stabileres Vertrauensniveau erreichen.

So sollte von Beginn an vom Menschen eine Körperhaltung eingenommen werden, die dem Hund die Richtung weist, wo er den Gegenstand finden wird. Dazu richtet der Mensch seinen ganzen Körper, von der Fußspitze bis zu den Augen auf den Ort aus, an dem der Gegenstand sich befindet. Wichtig ist, dass während der Suche des Hundes diese

Such und Bring für Familienhunde

Position nicht verändert wird, falls der Hund noch einmal zurückschaut, um sich bei seinem Menschen Hilfe beim Finden zu holen.

Bewegt sich der Hund mit dem aufgenommenen Gegenstand in Richtung des Menschen ist es wichtig, dass der Mensch keine nach vorn gerichtete Körpersprache annimmt, Arm und Hand dem Hund nicht entgegenstreckt. Es würde sonst auf ihn wirken, als wollen Sie ihm seinen Gegenstand streitig machen. Wenn Sie auf ihn zugehen, während er sich mit dem Gegenstand auf Sie zubewegt, wirkt es wiederum als wollen Sie ihn verfolgen, um ihm den Gegenstand abzuluchsen. Achten Sie zusätzlich darauf, dass Sie ruhig agieren und bei der Herausgabe keine Spannung oder Hektik aufkommen lassen.

Nicht Streitigmachen sondern kooperieren

An dieser Stelle wird das freiwillige Herausgeben, aus dem Fang des Hundes, geübt. Ist der Hund mit dem Gegenstand bei Ihnen angekommen loben Sie ihn zunächst und unterbreiten Sie ihm einen Tausch. Bieten Sie ihm ein besonderes Leckerli an.

Hat er etwas in seinem Fang, was für ihn nicht geeignet ist, weil es z. B. gesundheitsgefährdend oder schlicht und ergreifend nicht für ihn bestimmt ist, sollte er es auf Ihr entsprechendes Signal, z. B. »Aus«, ohne zögern herausgeben. Es ist also wichtig, dass Sie nicht den Eindruck erwecken ihm etwas streitig machen zu wollen. Zusätzlich sollte sich die Herausgabe für ihn rentieren. Warum sonst sollte er seine gerade gemachte »Beute« mal eben, einfach so, an Sie abgeben?

Sicher kann der Hund auch derart erzogen werden, dass er »Beute« auf Ihr Signal hin abgibt, doch das Ziel ist, dass er dies freiwillig und gerne macht, weil er einen Vorteil darin sieht. Kooperieren Sie mit Ihrem Hund, er überlässt Ihnen seine »Beute« und Sie geben ihm etwas Besseres dafür.

Nach der Herausgabe können Sie ihm den Gegenstand auch wieder überlassen. Das fördert das Vertrauen in Sie und macht dem Hund das Herausgeben leichter. Auch hierin besteht ein Tausch. Gibt der Hund den Gegenstand freiwillig ab, werfen Sie den Gegenstand erneut für den Hund. Allerdings bestimmen Sie wann die letzte Aktion endet und nicht der Hund.

Such und Bring für Familienhunde

Sicherheit, dass der Hund nicht mit der »Beute« abhaut oder diese zerstört

Gerade zu Beginn des Trainings empfiehlt es sich zur Absicherung eine bis zu 10 Metern lange Leine (Schleppleine/Laufleine) zum Training zu benutzen. Damit wird verhindert, dass der Hund sich mit dem Gegenstand aus dem Staub macht und sich daran erst einmal gründlich alleine austoben kann, während Sie herumstehen und zuschauen müssen. Der Hund wird an der langen Leine zum Menschen geführt, in dem die Leine eingeholt wird. Dabei ist es wichtig, dass man sich während des Einholens der Leine vom Hund weg bewegt und nicht auf den Hund zu. Schließlich soll es kein »Fang mich doch« Spiel werden. Beim Menschen angekommen wird der zuvor beschriebene Tausch vollzogen bzw. bei der Nutzung des Futtertäschchens, dieses geöffnet und der Hund darf sich etwas daraus nehmen, bevor der Mensch es wieder an sich nimmt oder es erneut für den Hund wirft oder versteckt.

Spezielle Trainingsvarianten − für unkontrolliert hetzende Hunde

Um mit dem gezielten »Such & Bring« Training, speziell für hetzende Hunde, zu beginnen ist es erforderlich, dass bereits eine erzieherische Basis erfolgreich stattgefunden hat. Dem Hund sollten Signale wie das Sitzenbleiben, das Herankommen, das Gehen an lockerer Leine bereits bekannt sein und von ihm nahezu zuverlässig ausgeführt werden. Das gilt auch für das Suchen und Bringen eines bestimmten Gegenstandes.

Unterstützende Maßnahmen:

- Der Hund sollte zum Suchen und Bringen nicht in den Wald oder in das Feld hinein geschickt werden sondern auf dem Weg +/- maximal 1 Meter rechts und links vom Wegesrand die Übungen ausführen. Schließlich hat er bereits erfahren, dass es im Wald oder in den Feldern mehr zum Aufstöbern und Hetzen gibt als auf dem Weg. Es gilt also das Geschehen dort stattfinden zu lassen, wo er es bislang nicht erfahren hat. Das sich auf dem Weg Aufhalten wird also wieder attraktiver für ihn. Künftig wird er seinen Spaß somit auf dem Weg haben und nicht mehr entfernt von diesem. Während des Spazierengehens sollte der Hund davon abgehalten werden, in

Such und Bring für Familienhunde

den Wald oder auf die Felder zu gehen. Hier kann die lange Leine als Hilfsmittel dienen.

- Das Suchen und Bringen lassen sollte des Öfteren in entgegengesetzter Richtung der Laufrichtung stattfinden. Das Geschehen sollte also nicht immer vor Mensch und Hund stattfinden sondern häufig in der Richtung aus der Mensch und Hund gekommen sind. So hat der Hund nicht die Erwartungshaltung, dass vor ihm etwas Reizvolles passieren wird, sondern es kann auch hinter ihm passieren. Hält sich der Hund einige Meter vor dem Menschen auf ist es sinnvoll, sich umzudrehen und den Gegenstand in die Richtung, aus der man gekommen ist, zu werfen. Der Hund wird gerufen und erhält unmittelbar folgend das Signal zum Suchen und Bringen des Gegenstandes. Er darf also aus dem umkehrenden Lauf direkt zum Gegenstand eilen. Damit wird erreicht, dass der Hund sich mehr in der unmittelbaren Nähe seines Menschen aufhält, schließlich könnte ja gleich ein Signal zum Suchen und Bringen gegeben werden. Ist er zu weit vor dem Menschen muss er eine viel weitere Strecke zurücklegen. Gerade bei Hunden, die sich vermehrt und weit vor dem Menschen aufhalten ist diese Form des »Zurückarbeitens« sehr erfolgreich. Ein Verhältnis 80/20 ist empfehlenswert, was bedeutet bei 10 × »Such & Bring«, wird der Hund 8 × in die entgegengesetzte Richtung geschickt und nur 2 × nach vorne. Schnell wird er schlussfolgern, sich weit vor dem Menschen aufzuhalten bedeutet zusätzlichen Energieaufwand, schneller zum Ziel kommt man, wenn man sich in der unmittelbaren Nähe des Menschen aufhält.

- Der Hund sollte in ablenkungsarmen Situationen öfter mal herangerufen werden. Für schnelles, zuverlässiges Kommen erhält er eine Belohnung und wird umgehend wieder frei gelassen. Dadurch wird erreicht, dass das zum Menschen Kommen nicht das Ende von Freisein bedeutet, sondern etwas Tolles ist, es eine Belohnung gibt. Wird der Hund immer nur herangerufen, wenn ein anderer Hund, eine Person oder Wild auftaucht, wird er das Gerufenwerden schnell in Verbindung bringen mit: »Ich werde gerufen, also muss irgendwo etwas Spannendes sein, gehe ich da erst mal hin und habe Spaß, denn gehe ich jetzt direkt zu meinem Menschen, bleibt der Spaß aus und ich muss an die Leine«. Die Situationen, in denen Sie Ihren

Such und Bring für Familienhunde

Hund rufen, um ihn zu belohnen und ihn umgehend wieder in den Freilauf entlassen, sollten die Situationen, in denen er angeleint wird, deutlich übersteigen.

- Generell sollte der Hund den Gegenstand nicht direkt aus der Luft fangen, sondern immer erst zum Gegenstand eilen, wenn dieser bereits den Boden berührt hat und liegt. Hier ist Timing gefordert. Der Hund soll lernen, einem sich bewegenden Gegenstand hinterher zu eilen ist prinzipiell tabu.

- Durch vorheriges Verstecken des Gegenstandes am unmittelbaren Wegesrand und den Hund plötzlich durch richtungsweisende Körpersprache zur Suche und zum Bringen aufzufordern, lässt seine Orientierung am Menschen wachsen. Er merkt, dass auch der Mensch etwas Spannendes entdecken kann und sie gemeinsam zum Ziel kommen. Der Mensch wird interessant. Ihn im Auge zu behalten lohnt sich für den Hund. Wahlweise kann der Gegenstand auch zuvor vergraben werden.

- Abwechslungsreich und spannend sollte sich das »Such & Bring« Training gestalten. Vor allem sollte es für den Hund nicht vorhersehbar sein, was als nächstes von ihm erwartet wird oder wo sich der Gegenstand befindet, wo er versteckt wird. Häufig wählen Menschen dieselbe Stelle zum Auslegen des Gegenstandes. Das wird für den Hund schnell langweilig und er orientiert sich wieder hin zu für ihn spannenderen Dingen.

Beispiele für Übungsvarianten

Warten lassen während der Gegenstand geholt wird

- Der Hund soll in einer bestimmten Position warten, z.B. sitzend. Der Mensch wirft den Gegenstand und eilt dann selbst zum Gegenstand, um diesen sichtbar mit der Hand aufzunehmen und mit diesem in der Hand zum Hund zurück zu eilen. Dort angekommen wird der Hund für das Warten belohnt, durch streicheln oder die Gabe von Leckerli. Der Gegenstand wird erneut geworfen und dieses Mal darf der Hund den Gegenstand holen und bringen. Sollte der Hund

Such und Bring für Familienhunde

während der Übung aufstehen, seine Position verändern, wird er durch den Menschen korrigiert. Durch dieses Warten lassen lernt der Hund, dass er nicht aus eigener Entscheidung heraus eine Aktion starten darf. Das korrekte Ausführen des Signals jedoch führt zu einer Belohnung und zu seinem Ziel, nämlich zum Gegenstand zu gelangen.

Zu Beginn können auch 2 oder mehr Gegenstände geworfen werden. Mal rennt der Mensch zuerst und mal bekommt der Hund das Signal, den Gegenstand holen zu dürfen. Es sollte allerdings nicht abwechselnd durchgeführt werden. So bleibt es für den Hund spannend, da für ihn nicht vorhersehbar ist, wann und ob er sich aufmachen darf.

Ziel: Beim Anblick eines sich vom Hund wegbewegenden Lebewesens, Wild, Jogger, Radfahrer, wartet der Hund auf ein Startsignal zum Objekt seines Interesses zu gelangen. Wird dieses Startsignal nicht gegeben, darf er auch nicht los.

Werfen und gesichert daran vorbei laufen

- Mensch und Hund stehen nebeneinander, der Mensch wirft den Gegenstand in einige Meter Entfernung, so dass dieser in der Mitte des Weges landet. Auf ein Signal hin, welches für das entspannte ›Neben-dem-Menschen-herlaufen‹ gegeben wurde, starten beide und bewegen sich auf den Gegenstand zu. Der Gegenstand wird jedoch weder vom Menschen noch vom Hund aufgenommen sondern beide laufen locker daran vorbei. Einige Meter nach dem der Gegenstand passiert wurde, wird der Hund, mittels richtungsweisender Körpersprache und dem entsprechenden Startsignal, zum Holen und Bringen des Gegenstandes geschickt.

Möchte der Hund den liegenden Gegenstand während des Vorbeilaufens aufnehmen wird er davon abgehalten. Die Entfernung des Wurfes des Gegenstandes sollte zunächst näher sein (1-5 Meter), später gesteigert und dann variiert werden. Die Geschwindigkeit sollte zunächst im mittleren Tempo erfolgen und später von ganz schnell bis zu sehr langsam.

Ziel: Der Hund lernt, dass er auch vermeintlich für ihn bestimmte Gegenstände nicht ohne Signal aufnehmen darf. Erst auf das Signal

Such und Bring für Familienhunde

des Menschen hin darf seine Aktivität hinsichtlich Holen und Bringen ausgelöst werden. Das Signal abzuwarten bringt also den gewünschten Erfolg.

Abbruchsignale mittels Gegenstand trainieren

- Mensch und Hund befinden sich nebeneinander. Der Mensch wirft den Gegenstand von sich weg auf die Mitte des Weges. Zu Beginn des Trainings wird der Hund an einer langen Leine geführt. Eine Hilfsperson befindet sich in der der Nähe des Gegenstandes. Der Hund wird mit dem Startsignal (richtungsweisende Körpersprache) zum Holen und Bringen aufgefordert. Bereits nach einem kurzen Moment wird er mit einem Signal zum Herankommen (zum Menschen) aufgefordert umzukehren und zum Menschen zurückzukommen. Dort angekommen erhält er eine ganz besondere Belohnung. Zurück zum Menschen zu kommen und den Gegenstand liegen zu lassen muss sich für den Hund rentieren! Umgehend nach der Belohnung wird der Hund erneut zu dem Gegenstand geschickt, um diesen zu holen und zu bringen.

Sollte der Hund nicht umgehend auf das Signal zum Menschen zurückzukommen reagieren sondern es vorziehen, zunächst den Gegenstand holen zu wollen, wird die Hilfsperson aktiv in dem sie den Gegenstand an sich nimmt, bevor der Hund diesen erreicht. Während dessen wird der Hund an der Leine eingeholt und dabei zum Herankommen motiviert, dort angekommen erhält er eine Belohnung. Bei dieser Übung ist es wichtig, dass die Hilfsperson auch dort steht, wenn der Hund den Gegenstand holen darf – nur dass sie dann eben nicht eingreift.

Ziel: Der Hund soll die Erfahrung machen, geht er auf eigene Entscheidung, ohne Signal, zum Gegenstand bleibt die Aktion erfolglos. Wartet er auf bzw. befolgt er das Signal des Menschen kommt er zum Erfolg.

Sie merken bereits wie facettenreich sich »Such & Bring für Familienhunde« gestalten lässt. Wie leicht es in den Alltag zu integrieren ist und welch zahlreiche Varianten sich ableiten lassen. Machen Sie sich

Such und Bring für Familienhunde

zu Nutze, dass das Training unkompliziert ist und viel Spielraum für die abwechslungsreiche Gestaltung bietet.

Orientieren Sie sich bei der Durchführung stets an den Erfolgen und dem Leistungsstand des Hundes. Gehen Sie bei Bedarf auch wieder einen Schritt zurück. Steigern Sie die Schwierigkeitsgrade langsam. Sie und Ihr Hund müssen beide, zu gleichen Teilen, Sicherheit bei der Ausführung der Übungen erlangen. Durch Über- oder Unterforderung verliert Ihr Hund die Lust.

Jeder Hund ist anders und jeder Mensch unterscheidet sich von einem anderen. Auch bei der Beschäftigung »Such & Bring« ist dieser Umstand zu berücksichtigen. Pauschale Lösungswege kann es daher nicht geben. Bedenkt man zum Beispiel, dass ein gerne hetzender Hund gleichzeitig unsicher im Umgang mit Menschen sein kann oder bei Geräuschen besonders reagiert, er Artgenossen scheinbar nicht ausstehen kann, der nächste Vierbeiner, was er einmal besitzt, aufs äußerste verteidigt, wird schnell klar wie viele Varianten und spezielle Trainingsansätze es geben muss, will man das Training typgerecht, dass es zu einer Verbesserung der Lebensqualität von Mensch und Hund führt, umsetzen.

Genau hierauf zielt »Such & Bring für Familienhunde« ab. Es geht nicht darum, dass der Hund vorbildlich zum Bestehen einer Prüfung apportiert. Es geht nicht darum, dass der Hund einen Gegenstand mittig, nicht knautschend im Fang trägt. Es geht darum, dass der Hund nicht mehr Verbote als Gebote hat, sein Verhalten nicht – und schon gar nicht durch schmerzbereitende Mittel – verhindert, sondern kontrollierbar wird und zwar ohne, dass der Mensch nahezu einem Kontrollwahn unterliegen muss. Es geht darum, dass Mensch und Hund gleichermaßen Spaß an der Beschäftigung »Such & Bring« haben und sie darüber das eine oder andere Lebensqualität einschränkende Verhalten aus der Welt schaffen können.

Vorsicht geboten ist dagegen bei einer scheinbaren sehr ähnlichen Form der Hundebeschäftigung, nämlich dem Ball-, Stöcke- oder ähnlichem Wurf. Hier wird der Hund extrem hoch gesteigert. Der Bewegungsreiz des fliegenden Gegenstandes und die schnellen, hetzenden Laufbewegungen beim Erjagen desselbigen zusammen haben für den Hund ein regelrechtes Suchtpotential. Um dies zu verstehen, muss man zunächst beachten, dass bei diesen Tätigkeiten das Selbstbelohnungssys-

Such und Bring für Familienhunde

tem des Gehirns, über die Botenstoffe Dopamin und Endorphine wirkt. Dopamin versetzt das Tier nach Erfolgserlebnissen, aber auch bei rhythmisch wiederholten Bewegungen in einen Zustand freudiger Erwartung und erhöht damit das Bestreben nach Wiederholung. Die Endorphine sind beim Menschen z. B. bei Langstreckenläufern verantwortlich für glückhafte Rauschzustände (»Runners-High«), Schmerzunempfindlichkeit, extreme Ausdauer und eben echte Entzugserscheinungen bei plötzlichem Abbruch dieses Extremsports z. B. nach Verletzungen.

Besonderns anfällig sind

- Rassen, bei denen in der Zucht (Hütehunde) das Fixieren und Verfolgen aus der Beutefangkette besonders betont wurde (s.o.)

- Rassen, die eine hohe Grundaktivität des aktiven Stresssystems (Adrenalin, extreme A-Typen) haben, z. B. Terrier oder belgische Schäferhunde

- Hunde, die aufgrund erfahrungsarmer, langweiliger Umwelt in der Welpenzeit ein Defizit im Dopaminsystem des Gehirns haben.

Gerade bei solchen »Risiko-Tieren« ist ganz besonders darauf zu achten, dass Apportieren als ruhige, kontrollierte, durch Start und Stopp Signale des Menschen gesteuerte Tätigkeit und nicht als blindwütiges Hin- und Herhetzen betrieben wird.

Der Grad zwischen Unterforderung, gleichmäßig/biologisch sinnvoller Auslastung des Hundes und Überforderung ist sehr schmal. Auch bei Unterforderung (= Langeweile) kann ebenso wie bei Überforderung und Reizüberflutung Stress entstehen. Es ist daher stets auf die Bedürfnisse des jeweiligen Hundes zu achten, wie viel von solchen Tätigkeiten man ihm zumutet.

Literatur

Coppinger, R.; Coppinger, L. (2001): *Hunde.* Starnberg: Animal Learn Verlag

Gansloßer, Udo (2007): *Verhaltensbiologie für Hundehalter.* Stuttgart: Kosmos

Mantrailing als unterstützende beziehungsbildende Methode für unsichere Hunde

Alexandra Grunow

Beim Mantrailing sucht der Hund anhand des Individualgeruchs eines vermissten Menschen dessen Spur nach. Es findet seinen Einsatz in der Rettungs- und Polizeihundearbeit, um unter anderem an Demenz erkrankte oder suizidgefährdete Personen aufzuspüren und retten zu können. Seinen Ursprung hat es in Belgien, England und den USA. Bei dieser Sucharbeit verfolgt der Hund im Geschirr und an einer zwischen fünf und zehn Meter langen Leine nach Gabe eines Geruchsartikels (zum Beispiel ein T-Shirt der vermissten Person) ein Gemisch aus Hautschuppen, Bakterien, Buttersäure und vieles mehr. Das ist über eine Strecke von mehreren hundert Metern, die eine Person in einem belebten Gebiet gelaufen ist auch noch nach Tagen oder sogar Wochen möglich! Doch Mantrailing ist nicht nur etwas für ausgebildete Rettungshunde oder stellt ausschließlich eine artgerechte Beschäftigung für besonders aktive Jagd- oder Hütehunde dar. Es ist vor allem eine unterstützende Erziehungsmethode, die unsicheren Hunden hilft, eigenständig Problemlösungen zu finden und dabei Ängste abzubauen, wenn man einen guten Trainer mit langjährigem und fundiertem Wissen aus der Praxis an seiner Seite hat. Nur dann ist es möglich, Mantrailing als Mittel zur Therapieunterstützung einzusetzen – und nicht nur einem Modetrend zu folgen.

»Wir erleben Abenteuer«

Der erste Schritt besteht darin, das Vertrauen des Hundes zum Hundeführer zu festigen. Das kann nur durch den Aufbau einer gesunden individuellen Bindung entstehen. Merkt der Hund, dass er sich in Situationen, die ihm nicht geheuer sind, auf seinen Menschen verlassen kann und erfährt er in dem gemeinsamen Bestehen der vermeintlichen Gefahren Positives, schüttet er eine Reihe von Hormonen aus. Er wird selbstbewusst aus diesen Situationen herausgehen. »Mir droht Gefahr« wird in den Augen des Hundes abgeschwächt zu »wir erleben Abenteuer«, die es gemeinsam zu bestehen gilt! Hat der Hund zu seinem Menschen mit der Zeit eine stabile Bindung entwickelt, wirkt allein dessen Anwesenheit auf ihn schon Stress reduzierend und er ist gerne bereit zu lernen. Anfängliche Unsicherheits- und Stresssymptome werden umgewandelt in freudige Erregung, was heute wieder Spannendes im Training geboten wird. Der Hund lernt bei der Suche Problemstellungen eigenständig zu lösen und ist nicht nur der Befehlsempfänger des Hundeführers. Ebenso lernt der Hundeführer einiges über die Arbeitsweise seines Hundes und ist erstaunt und stolz zugleich, was sein Hund mit der Nase Großartiges zu leisten vermag.

Ziel Umweltsicherheit

Meist tritt die Unsicherheit des Hundes nicht in seiner gewohnten Umgebung auf, sondern in Gebieten, die ihm fremd sind, da er sich zunächst dort schlechter orientieren kann und fremde Gerüche und Geräusche regelrecht auf den Hund einprasseln. Deshalb ist es wichtig, dass mit dem Vertrauen in seinen Menschen auch seine Umweltneutralität zunimmt und er ein stabiles Verhalten ortsunabhängig zunehmend häufiger zeigt. Um ihm Neutralität gegenüber seiner Umwelt mitsamt der darin lauernden Gefahren schonend nahe zu bringen, ist diese Form der Sucharbeit besonders geeignet, da der Hund nicht direkt mit seinen Ängsten konfrontiert und dann damit allein gelassen wird, denn sein Mensch ist nah an seiner Seite und sucht mit ihm. Über die Leine wird dem Hund Sicherheit vermittelt, die Kommunikation ist nie abgeschnitten. Er bekommt von seinem Hundeführer den nötigen Rahmen, der ihm Sicherheit vermittelt. Somit arbeitet der Hund zwar eigenständig, aber nicht alleine. Zugleich wird dem Hund eine Alternative geboten, die er dankbar annimmt. Geruch aufzunehmen und eine Spur zu verfolgen liegt schließlich in der Natur des Hundes! Indem wir ihm eine lösbare Aufgabe stellen, beschäftigen wir die Großhirnrinde des Hundes.

Mantrailing für unsichere Hunde

Dadurch werden die Teile des limbischen Systems, die unter anderem für problematische Emotionen (z.B. Angst) zuständig sind, gleichzeitig in ihrer Aktivität gehemmt. Der Hund wird somit nicht übermäßig sensibilisiert, sondern erlernt geeignete Strategien (Konzentration auf Suche), mit denen er seine Probleme eigenständig meistern kann.

Weimaraner-Hündin Brandy riecht am Geruchsartikel der vermissten Person

Die Gebiete, in denen trainiert wird und die darin enthaltenen Ablenkungsreize müssen variieren, damit der Hund lernt zu generalisieren und das Gelernte immer besser und schneller auf neue Situationen überträgt, je mehr Erfahrung er hat. Durch selektive Aufmerksamkeit konzentriert sich der Hund auf seine Arbeit, die Suche. Ablenkende Reize werden ausgeblendet oder nur marginal wahrgenommen. Auch der Hundeführer ist dankbar, wenn er sich auf das Trailen (Leinenhandling, Körpersprache etc.) konzentrieren kann und nicht mit der Situation (»mein Hund hat Angst«) überfordert ist oder nicht weiß, wie er sich verhalten soll (schimpfen, bemitleiden, motivieren, weiterzerren oder ähnliches). Wichtig ist hierbei, dass im Training auf jedes Hundeführer/Hund-Team einzeln eingegangen wird und die jeweiligen Probleme berücksichtigt werden.

Vorsicht vor Überforderung

Um die Lern- und Konzentrationsfähigkeit des Hundes zu steigern, müssen Misserfolge unbedingt vermieden werden. Der Hund darf bei der Suche nicht überfordert werden! Denn dann erzielt man keine Fort-, sondern Rückschritte. Die Gefahr besteht, dass der Hund durch

Mantrailing für unsichere Hunde

sein Scheitern noch stärker verunsichert wird und seine Ängste sich verstärken. Eine massive Überforderung durch einen zu schwer gelegten Trail (Ablenkung zu hoch, eingebaute Schwierigkeiten wie Geruchspool etc.) kann das bis dahin Gelernte löschen, beziehungsweise den ganzen Hund in sich zusammen brechen lassen. Das dabei ausgeschüttete Stresshormon Cortisol verhindert das Abspeichern des vermeintlich positiv Verknüpften. Zudem kommt auch noch, dass das Abspeichern der negativen Begleitumstände erhöht wird! Um das zu verhindern, ist es die Aufgabe des Trainers, den Trail genau zu planen und nichts dem Zufall zu überlassen! Eine lösbare Aufgabe stellt für den Hund eine positive Herausforderung dar, während eine zu schwere Aufgabe das Tier in negativen Stress geraten lässt. Befindet sich das Team in einer vom Trainer bewusst provozierten schwierigen Situation (z.B. Auto- oder Kinderlärm), ist es wichtig, dass der Trainer Ruhe ausstrahlt und den Überblick behält. Hund und Hundeführer müssen sicher geführt werden und das Timing der Führung muss stimmen! Der Hund wird selbstsicher durch den Erfolg (Ankommen bei der versteckten Person und Belohnung durch diese) und die selbständige Bewältigung von Stress (Coping) infolge der damit verbundenen Hormonausschüttung.

Denn hat er die ihm gestellte Aufgabe gelöst, schüttet sein Gehirn die körpereigene Erfolgsdroge Dopamin aus.

Beispiel aus der Praxis

Ein Hund hat Angst vor Kindern. Sobald er Kinderstimmen hört, zieht er die Rute ein und will flüchten. Der Trail führt in einiger Entfernung an einem Kinderspielplatz vorbei. Der Trainer möchte den Hund anfangs nur leicht mit dessen Angst konfrontieren. Der Hund sucht nun in Richtung Spielplatz, hört dann die Stimmen der Kinder und kommt ins Stocken. Er entscheidet sich – etwas verhalten - weiter der Spur nachzugehen und sucht am Spielplatz vorbei. Nachdem er sich wieder konzentriert und sich seine Körpersprache zunehmend normalisiert (Rute etc.), kommt er bei der versteckten Person an und erhält dort sein Futter. Der Hund hat eine belastende Situation durch eigenes Zutun zu seiner Zufriedenheit gelöst. Das während der für ihn problematischen Situation (Wahrnehmen der Kinderstimmen) ausgeschüttete Stresshormon Noradrenalin verstärkt die von ihm gefundene Problem-

Mantrailing für unsichere Hunde

lösung (Weitersuchen). Die beteiligten Nervenbahnen werden dabei gestärkt. Durch Wiederholung und in Abständen mäßige Steigerung der Belastung kommt es zu entsprechenden Verknüpfungen und der Hund kommt immer schneller zur gewünschten Problemlösung.

Die Länge der Spur insgesamt (das Einsuchen bis zur tiefen Konzentration), der Grad der Ablenkung (die Entfernung der Spur zum Kinderspielplatz) und die verbleibende Suchzeit vom Kinderspielplatz (Erregung) bis zur versteckten Person (Erfolg durch Ankommen am Opfer und Belohnung) sind hierbei vom Trainer genau geplant!

Rhythmik des Lernens

Nach der erfolgreichen Suche ist es wichtig, den Hund in Ruhe zum Auto zurück zu bringen. Er sollte dort mindestens 20 Minuten schlafen können. Nur so wird durch latentes Lernen das eben Erlernte neuronal fixiert!

Um während des Trainingsaufbaus eine Produktion zusätzlicher Botenstoffe und Bindungsstellen im Gehirn des Hundes anzuregen macht es Sinn nach der Pause noch eine Suche zur Wiederholung anzusetzen.

Körpersprache als Kommunikationshilfe

Beim Mantrailing wird einem unmittelbar vor Augen geführt wie die eigene Körpersprache in direktem Zusammenhang mit dem Verhalten des Hundes steht. Ein unsicherer Hundeführer, der unklar in seinen Bewegungen ist, hat oft einen rückorientierten und wenig entscheidungsfreudigen Hund an der Leine, der sich schwer tut, eine Richtung bei der Suche vorzugeben oder Aufgaben selbständig zu lösen. Das Eis kann aber gebrochen werden, wenn auf bestimmte Bewegungsabläufe des Hundehaltes geachtet wird und daran gearbeitet wird, dem Hund durch die Körpersprache des Hundeführers Sicherheit zu vermitteln. Die Erfolge werden dann sichtbar, wenn der Hundeführer klar und sicher in seinen Bewegungen wird und auch die Körpersprache seines Hundes richtig zu deuten weiß. Reagiert der Hundeführer auf die Zeichen des Hundes im richtigen Moment, fühlt sich der Hund verstanden! Wenn das Verständnis füreinander auf beiden Seiten vorliegt, steigt das

Mantrailing für unsichere Hunde

Bloodhound-Rüde Hitchcock auf Spurensuche

gegenseitige Vertrauen. Beide können sich aufeinander verlassen. Der Hund zeigt dann auch eine klarere Körpersprache anhand der Rutenstellung, Ohrenspiel, Körperspannung, etc.. Das Team kann so zusammen schwierige Situationen meistern und geht gestärkt aus ihnen hervor. Vor allem ängstliche Hunde und die, die jüngst einen Besitzerwechsel hinter sich hatten und damit noch wenig Beziehung zum Hundeführer aufbauen konnten, öffnen sich ihrem Menschen mit auf diese Art und Weise. Mantrailing stellt in diesem Augenblick die Brücke zum Hund dar, den ich allein mit klassischen Übungen aus der Unterordnung erstmal gar nicht erreicht hätte.

Ein Beispiel aus der Sucharbeit:

Der Hund kommt ein paar Meter von der Spur ab und merkt, dass der Geruch an Intensität verliert. Er nimmt etwas Tempo raus, die Nase kommt höher und er beginnt quer zu gehen. Hier sollte der Hundeführer darauf reagieren und nicht einfach weiter laufen! Er wird ebenso langsamer, gibt dem Hund mehr Leine und dreht sich etwas

Mantrailing für unsichere Hunde

seitlich um dem Hund den Weg zurück zu öffnen. Sperrt er seinem Vierbeiner den Rückweg, indem er den Weg mit seinem Körper frontal blockiert, und die Zeichen durch gleichbleibendes Tempo ignoriert, kann es sein, dass er ihn in die falsche Richtung weiter treibt. Der Hund gerät dann in Stress, da der Hundeführer seine Signale (»ich habe hier weniger Geruch und möchte umdrehen«) ignoriert.

Wir wollen den Hund bei der Arbeit unterstützen und ihn nicht dabei behindern.

Fazit: Fehler im Trainingsaufbau vermeiden

1. Wichtig ist die richtige Selbsteinschätzung, um den Hund nicht mit Überforderung zu frustrieren.

2. Die eigene Körpersprache hat direkten Einfluss, positiv wie negativ, auf den Hund und sein Suchverhalten.

3. Ein Trail baut auf dem anderen auf. Der Trail erzieht den Hund. Daher ist es besonders wichtig, vor allem beim Einstieg in die Sucharbeit mit einem erfahrenen Spurenleger zusammen zu arbeiten.

4. Die technischen Elemente müssen beherrscht werden, bevor lange, alte Trails gesucht werden. Nicht die Länge einer Spur ist entscheidend, sondern wie ein Trail aufgebaut ist. Der Hund muss lernen, wie er mit Spuren umgeht, die sich mit wenig Zeitunterschied oder großer zeitlicher Distanz kreuzen, Parallelspuren, Spuren, die ihm entgegenkommen, um nur einen Bruchteil zu nennen. Erst, wenn er gelernt hat, diese Elemente auszuarbeiten und eine Suchtechnik entwickelt hat, kann tiefer in die Materie eingestiegen werden.

5. Die Leine ist ein Hilfsmittel, um mit dem Hund zu kommunizieren. Sie kann eingesetzt werden, den Hund zu hinterfragen, ihm aber auch Sicherheit zu vermitteln.

6. Ohne Abwechslung und Motivation verliert das Trailen seinen Reiz – nicht nur für den Hund. Originelle Trails mit kreativen Extras erhöhen den Spaßfaktor um ein Vielfaches: Lachen erlaubt! Trailen ist Leidenschaft.

Mantrailing für unsichere Hunde

7. Wichtig ist in erster Linie bei Hund und Hundehalter das Lernen am Erfolg. Erfolgreich absolvierte Trails geben beiden Selbstvertrauen und machen in gewisser Weise »erfolgssüchtig«. Nicht nur der Hund profitiert von dieser Suchart, auch der gestresste Hundehalter findet einen Moment des Abschaltens, wenn er mit seinem Hund eine Spur verfolgt. Das Team wächst mit jeder Aufgabe enger zusammen.

Die Autoren

THOMAS BAUMANN, erfolgreicher Fachautor und spezialisiert im Umgang mit schwierigen Hunden, leitet in der Nähe Berlins eine Hundeschule. Zusammen mit seiner Frau Ina engagiert sich Baumann besonders für Tierheimhunde und gründete 2008 die Dogworld-Stiftung®, Lebenshilfe für verwaiste Hunde. Er ist Mitglied des Pet-Group Expertenteams von Anfang an.

GÜNTHER BLOCH gründete 1977 das Kaniden-Verhaltenszentrum Hunde-Farm »Eifel«, eine Kombination aus Forschungsstation, Hundeschule und Pension. Er war nicht nur 27 Jahre lang als Hundetrainer und Berater von Mensch-Hund-Beziehungen tätig, sondern studierte auch das Sozialverhalten von verwilderten Haushunden in Italien. Seine große Passion, das Verhaltensinventar von frei lebenden Wölfen in Kanada zu entschlüsseln, lebt er bis heute, indem er regelmäßige Verhaltensstudien in den kanadischen Rocky Mountains durchführt. Der erfolgreiche Buch- und Zeitschriftenautor ist durch vielerlei Vorträge bekannt und von Beginn an Mitglied des pet-group Expertenteams.

UDO GANSLOSSER ist Privat-Dozent für Zoologie und lehrt schwerpunktmäßig Verhaltensbiologie und Tiergartenbiologie an den Universitäten Greifswald und Jena sowie im Tiergarten Nürnberg. Schwerpunkte seiner Arbeitsgruppe sind soziale Mechanismen von Säugetieren, insbesondere im Zusammenhang mit der Haltung und dem Management von Heim-, Haus-, Zoo- und Wildtieren, einschließlich vieler Hundeartiger. Als Vorsitzender des pet-group Expertenteams betreut er auch die Spezialistenanfragen und leitet die Prüfungskommission. Daneben übt er Beratungs- und Fortbildungstätigkeiten aus.

ALEXANDRA GRUNOW ist Inhaberin des K-9 Suchhundezentrums mit mehreren Stützpunkten in Deutschland und Österreich. Mit der von ihr entwickelten, auf Sucharbeit basierenden Methode ist es möglich, die Beziehung zwischen Mensch und Hund nachhaltig positiv zu verändern. Insbesondere bei ängstlichen, hyperaktiven und jagdlich ambitionierten Familienhunden zeigen sich die Erfolge. Die ehemalige Journalistin ist seit 1998 in der Rettungshundearbeit aktiv und führt im Mantrailing geprüfte Jagdhunde im Einsatz.

GABY KAISER ist Hundeerzieherin und Verhaltensberaterin, Autorin und TV-Redakteurin. Sie kam durch ihre japanischen Akita zur Hundeausbildung. Sie ist nach dem Besuch zahlreicher Hundeschulen, Aus- und Fortbildungsseminare, Workshops und Praktika seit vielen Jahren als Hundeerzieherin sowie Ausbilderin für angehende und praktizierende Hundetrainer tätig.

ANGELIKA LANZERATH ist erfolgreiche Hundetrainerin, Hundezüchterin (für ungarische Herdenschutzhunde der Rasse Kuvasz) und Sachverständige für Hundeüberprüfungen in NRW. Sie war langjährige Mitarbeiterin von Günther Bloch auf der Hundefarm Eifel und hat seit 2002 dort die Leitung der angegliederten Hundeschule und, mit einer Kollegin, der Hundepension. Ihre Spezialgebiete sind u. a. Welpenaufzucht, Hundezucht und Herdenschutzhunde, und sie ist Mitglied des pet-group Expetenteams.

ULRIKE THURAU ist Inhaberin des Hundezentrums Gross-Gerau sowie der Agentur *mensch & hund zeit – beste Zeiten für Mensch und Hund*. Mit in ihrer Familie leben die beiden 2001 geborenen Briard Rüden Tequila und Umba sowie die West Highland Terrier Hündin Emma, die im Alter von knapp 10 Jahren über eine Tierschutzorganisation in ihre Familie gekommen ist. Zu ihren Kernkompetenzen zählt die effektive Beratung und das spezielle Training für Menschen, die mit mehreren Hunden in der Familie leben ebenso wie das individuelle Beschäftigen von Haushunden mittels »Such und Bring«. Als Autorin ist sie für Fachverlage ebenso wie für Fachmagazine aktiv. Über ihre Agentur koordiniert sie den Bereich Marketing der pet-group und ist Mitglied des pet-group Experten-Teams.

Kontaktadresse: pet-group GbR
 Ulrike Thurau
 Im Friedrichsee 27a
 64521 Groß-Gerau
 Telefon: 0 61 52 / 80 76 89
 Fax: 0 61 52 / 80 77 96
 E-Mail: info@pet-group.de

Bildnachweis

Wenn nicht anders erwähnt, stammen die Abbildungen von den Autoren der jeweiligen Beiträge.

Frauke Burkhardt: S. 170, 174, 177
Petra Krivy: S. 40, 42, 45, 53
Gerhards: S. 50